# 我希望父母真的读过这本书

杜赢——编著

成都地图出版社

图书在版编目 (CIP) 数据

我希望父母真的读过这本书 / 杜赢编著 . — 成都 : 成都地图出版社有限公司，2022.9（2022.11 重印）
ISBN 978-7-5557-2073-7

Ⅰ . ①我… Ⅱ . ①杜… Ⅲ . ①家庭教育 Ⅳ . ① G78

中国版本图书馆 CIP 数据核字 (2022) 第 160299 号

**我希望父母真的读过这本书**

WO XIWANG FUMU ZHENDE DUGUO ZHE BEN SHU

编　　著：杜　赢　　　　内文绘制：李芳哲
责任编辑：吴朝香　　　　封面设计：春浅浅

出版发行：成都地图出版社有限公司
地　　址：成都市龙泉驿区建设路 2 号
邮政编码：610100
印　　刷：金世嘉元（唐山）印务有限公司
开　　本：880mm × 1230mm　1/32
印　　张：6
字　　数：126 千字
版　　次：2022 年 9 月第 1 版
印　　次：2022 年 11 月第 2 次印刷
定　　价：36.00 元
书　　号：ISBN 978-7-5557-2073-7

扫码体验
育儿专家私房课

扫码体验音频讲读

序言

# 我希望父母真的读过这本书

从孩子呱呱坠地起，你便有了一个新的身份——父亲或母亲。不论你是从容淡定，还是心情忐忑，无论你是盼望已久，还是措手不及，此时此刻的你都拥有了一份终身不变的天职——做好父母。

做好父母，这既是我们的责任、义务，也是我们一生之中最值得骄傲、最不容忽视的事情，更是我们一生的必修课。怎样才是好的父母呢？好的父母，不仅有出于本能的对孩子的爱，让孩子在爱的滋养下茁壮成长，还会用正确的方式方法培养、教育孩子，让孩子在人生之路上开心奔跑，迎着朝阳奋力向前。

好的父母，应当具有广阔的格局，让孩子拥有更广阔的天空去翱翔；应当温柔地教养孩子，让孩子在春风化雨中感悟人生；应当教会孩子控制、疏

导情绪，让孩子幸福快乐、远离焦虑。

好的父母，还应当有分寸地把握爱，给孩子以引导而不强加干涉；应当具有高超的语言沟通技巧，让爱时刻流淌于与孩子的交流中；应当富有远见，让孩子有宏图大志，给孩子诗和远方。

怎样才能做好父母呢？诺贝尔文学奖获得者莫言曾经说过：“好父母都是学出来的。”没有哪个杰出的父母可以轻易取得教子的成功，这不仅需要我们去观察、探索、感悟，更需要我们不断地去学习。

每一个成功的孩子背后，都有一个愿意学习、愿意改变的父亲或者母亲。本书旨在有针对性地帮助父母解决一些在子女教育方面最常见的问题，通过真实事例和有效方法，让父母在子女教育方面有所启发，有所借鉴。

2022 年 4 月

# 目录

## contents

扫码体验音频讲读

## 第一章 01 父母的格局：怎样才是好父母

## 第二章 02 温柔的教养：做温和而坚定的父母



## 第三章 03 父母的情绪：最好的养育是不焦虑

第六章
06

## 父母的远见：让孩子像花儿一样绽放

01

第一章

# 父母的格局：怎样才是好父母

扫码体验音频讲读

# 做好孩子的启蒙之师

古语云："孔子家儿不知骂，曾子家儿不知怒，所以然者，生而善教也。"这句话说出了家庭教育和启蒙教育对于孩子成长的重要性。家庭是生命的摇篮，是人出生后接受教育的第一个场所，即人生的第一个课堂；父母是孩子的第一任教师，即启蒙之师。父母对孩子所施的教育具有早期性、启蒙性，决定了孩子今后的成长。

古往今来，许多仁人志士在幼年时期受到过的卓有成效的家庭教育，是他们日后成才的一个重要原因。

德国大诗人、剧作家歌德的成才，就得益于家庭的早期教育。

歌德2~3岁时，爸爸就抱着他到郊外野游，观察自然，培养他的观察能力。3~4岁时，爸爸教他唱歌、背歌谣、讲童话故事，并有意让他在众人面前讲演，培养他的表达能力。这些有意识的教育，让歌德从小便乐于思索、善于学习。歌德8岁时能用法、德、英、意大利、拉丁、希腊语阅读书籍，14岁写剧本，25岁用一个月的时间写成了闻名遐迩的小说《少年维特之烦恼》。

反之，人的幼年时期因得不到良好的家庭教育而影响智力正常发展的事例也不少。

印度“狼孩”卡玛拉，从小不幸被狼叼去，8岁时被人发现，但其生活习惯已与人类完全不同，而与狼几乎一样。她用四肢爬行，吃生肉，昼伏夜行，后来经过人为训练，两年后才能站立，6年后才得以像人类一样行走，4年内只学会了6个单词。

一般来说，3~6岁是学龄前期，也就是人们常说的早期教育阶段，这是一个人身心发展的重要时期，所以父母要履行好启蒙之师的职责。

我国古谚有："染于苍则苍，染于黄则黄。"幼儿期是人生熏陶染化的开始，人的许多基本能力是在这个年龄阶段形成的，如语言表达、基本动作以及某些生活习惯等，性格也在逐步形成。

美国心理学家布鲁姆认为，一个人的智力发展如果把他本人17岁达到的水平算作100%，那么4岁时就达到了50%，4~8岁又增加了30%，8~17岁又获得了20%。可见幼儿在5岁以前是智力发展最迅速的时期，也是进行早期智力开发的最佳时期，而父母在这个时期所实施的家庭教育，则是孩子早期智力发展的关键。

孩子出生之后，大多数时间生活在家庭之中，每天都在接受着父母的教育。这种教育是在有意或无意、有计划或无计划、自觉或不自觉之中进行的，不管是以什么方式、在什么时间进行教育，父母都以自身的言行随时随地地影响着子女。这种教育对孩子的生活习惯、道德品行、谈吐举止等都有很大影响，并会伴随着孩子的一生。

### · 作为启蒙之师的父母要有权威性

父母在孩子幼年时代始终扮演着双重角色：既是孩子安全生存的保护者，又是孩子人生启蒙的导师。父母教育的效果如何，就看权威树立的程度。父母权威的树立必须建立在尊重孩子人格的基础上，而不是封建的家长制上。明智的父母很懂得树立权威的重要性，更懂得权威的树立不是靠压制、强求、主观臆断，而是要采用刚柔相济的方法。

### · 作为启蒙之师的父母要有感染性

父母与孩子之间的血缘关系和亲缘关系的天然性和密切性，使父母的喜怒哀乐对孩子有强烈的感染作用。孩子对父母的言行举止往往能心领神会，在父母高兴时，孩子也会心情愉快，在父母烦躁不安或闷闷不乐时，孩子的情绪也容易受影响，即使是幼儿也是如此。

如果父母因缺乏理智而感情用事，脾气暴躁，会使孩子不自觉地吸收其缺点。父母在处理一些突发事件时，表现出惊恐不安、措手不及，对子女的影响也不好。如果父母处变不惊、沉稳坚定，子女遇事也会沉着冷静，这样能对孩子心理素质的培养起到积极的作用。

### · 作为启蒙之师的父母要有及时性

启蒙教育的过程是父母在家庭中对孩子进行的个别教育行为，比学校教育要及时。常言道："知子莫若父，知女莫若母。"父母与孩子朝夕相处，对他们的情况可以说是了如指掌，孩子身上稍有什么变化，即使是一个眼神、一个微笑，父母都能心领神会，因此，父母通过孩子的一举一动、一言一行能及时掌握他们的心理状态，发现孩子身上存在的问题，及时教育，及时纠偏，将不良情绪和行为习惯消灭在萌芽状态。

正如印度电影《流浪者》中的经典台词一样：贼的儿子不一定是贼，法官的儿子也不一定是法官。所以，无论你是轰轰烈烈的一代天骄，还是默默无闻的凡夫俗子，你都是孩子的启蒙之师，你是谁不重要，重要的是你让你的孩子成为谁。

**教子心得**

生活就是教育，教育蕴于点滴之中，启蒙教育更是如此。唯有合格的“启蒙之师”，才能教育出优秀的孩子。

# 用恰当的方式爱孩子

给予孩子爱，这是身为父母的一种本能，但以什么样的方式表达对孩子的爱，却大有讲究。父母对孩子的爱受认识限制，所采取的方式、方法不同，对孩子的影响也不同。好的父母应当懂得以恰当的方式来爱孩子。

王英已经8岁了，可是现在她身边连一个较好的小伙伴都没有，其中的原因要归结到她妈妈身上。妈妈快40岁时才有了王英，对她自然呵护备至，除了包办她日常生活中的所有事情外，还限定了她的交际范围。

妈妈要求王英周末要老老实实地在家待着，不允许她出去玩，怕她有危险。王英想自己洗衣服，妈妈怕她累着；王英想自己端饭，妈妈怕她烫着……但是王英却没有因此变得开心，她觉得自己完全受妈妈的摆布，没有自由。

现在的孩子多是独生子女，生活条件优越。很多父母都像王英的妈妈一样，有这样的心理：爱孩子就要为孩子做好所有的事情。于是，溺爱孩子也就成了一个普遍现象。父母认为不能让孩子受苦，于是竭尽全力地从各方面满足孩子的需求，甚至包括无理的要求，代替孩子完成孩子力所能及的事。他们以为，这样就能保证孩子幸福健康地成长。

但是孩子并不会因此对父母心怀感激，反而会为此和父母产生隔阂和矛盾。因为孩子会认为父母束缚了自己的自由，阻碍了自己发挥潜能，因此很难和父母保持良好的关系。好父母要站在孩子的角度考虑问题，充分尊重和理解孩子的想法，不要过度约束孩子，要还给孩子属于他们自己的空间。

适当的约束，可以让孩子学会遵守生活和社会规范，掌握基本的礼貌和人际交往常识，促使孩子养成良好的习惯。但父母对孩子过度的爱，尤其是以爱的名义对孩子进行限制和约束，则会剥夺孩子的自由，不利于孩子自主性和实践能力的提高。因此，好父母不要以爱的名义约束孩子，而要让孩子既能得到情感的满足，又能有更多的机会去探索外面的世界，尝试做各种事情。

父母爱孩子是人之常情，但是在爱孩子的过程中，要讲究原则，把握分寸，合理控制对孩子的爱，把握好爱孩子的度。

在很多人眼里，念念显得比同龄孩子更懂事，当别的妈妈在为孩子不能自己穿衣服犯愁时，念念已经会洗衣服了，这和念念妈妈从小就大胆地对她放手，让她尝试做事情有关。

从2岁起，念念就有了自己独立的房间，妈妈坚持让她自己睡觉、起床、穿衣服。妈妈很爱女儿，但更希望女儿早日独立。懂事的念念知道这是妈妈爱她的表现，就非常认真地按照妈妈的要求去做。

正如事例中念念的妈妈一样，好父母应该给孩子适度的爱，让孩子在父母的爱中丰富自己的情感世界，进而升华为进步的动力，而不是让过度的爱成为约束孩子成长的障碍。

**· 用爱帮助孩子成长**

父母的爱能够帮助孩子成长。父母的爱应该是孩子成长道路

上的不竭动力，而不能成为孩子前进的阻碍。父母不能约束孩子，要以促进孩子的成长为目的对孩子进行管教。当孩子犯错误时，父母要用爱安慰孩子，帮助孩子认识自己的问题并努力改正；当孩子取得成绩时，父母要用爱表达对孩子的赞赏；当孩子迷茫时，父母要用爱为孩子指明前进的方向。这样，孩子才会在父母的爱中取得进步。

### · 在尊重的基础上爱孩子

教育要尊重孩子的天性，重视孩子的自主权。让孩子自己做决定，自己解决遇到的难题。父母不应该以爱的名义强迫孩子按照自己的要求去做事，而是要尊重孩子的意愿，不过多干涉孩子的生活，让孩子在尊重中成长。有智慧的父母会将自己置于和孩子一样的位置，以平等的态度和孩子进行交流和沟通，不给孩子太多的束缚，让孩子尽早学会自理、自立、自主。

### · 给孩子自由的时间

很多时候，父母为了让孩子更加优秀，总是把孩子的时间安排得满满的，除了孩子正常的学习外，还会为孩子安排很多特长培训班。父母想用这种方式表达对孩子的爱，但实际上，这对孩子的健康成长是不利的。父母应该解除对孩子的束缚，不要让爱扼杀了孩子解决问题的能力。父母要给孩子自由的时间，让孩子自由地成长。孩子自己能做的，不要试图去帮助孩子，而要让孩子学会对自己的行为负责。

**· 给孩子适度的空间**

很多父母出于对孩子的爱，将孩子束缚在自己的身边，限定在自己的视线范围之内。即使孩子不在身边，也会随时关注孩子的一举一动，以为这就是对孩子的爱。其实不然，这样会阻碍对孩子独立性的培养。孩子在父母规定的范围内活动，会让孩子缺乏自主性，养成依赖性，让孩子不能按照自己的意愿做事，这也会使孩子不满，造成亲子关系的不和谐。

**教子心得**

父母爱自己的孩子，这是人之常情，但是爱得过分，反而会伤害孩子。所以，只有正确地爱孩子，才能促进孩子的健康成长。

# 耐心聆听花开的声音

孩子就像含苞待放的花朵，孩子的成长，就像花朵慢慢绽放。粗心的父母会忽略花开的过程，而细心、智慧的父母则愿意耐心聆听花开的声音。孩子在成长过程中有许许多多的心声，父母如果耐心聆听，就会渐渐与孩子形成心与心的交流，使亲子之间的爱慢慢流淌，父母对孩子的了解也会更全面、深入。所以说，倾听是一种爱，倾听的艺术就是教育的诀窍。

米拉兴冲冲地跑回家对妈妈说："妈妈，我想把在学校发生的所有事告诉你！"

妈妈："你说，你说，妈妈听着呢。"

米拉：“我们班的小帅又把新来的女老师气哭了。”

妈妈：“噢！”

米拉：“小明和强子打架被老师罚站了。”

妈妈：“噢！”妈妈一边说，一边还在厨房里不停地忙碌着。

米拉：“我们要发新书了！”

妈妈：“知道了！”

米拉：“妈妈，你到底有没有在听我讲啊？”

妈妈：“听着呢，都听见了。”

米拉：“那就给我复述一下。”

妈妈：“我现在忙着呢！”

米拉：“算了，我也不跟你说了，你好像一点也不关心，我回屋了。”

很多父母就像事例中米拉的妈妈一样，他们觉得孩子很幼稚，对孩子说的话敷衍了事。没有倾听就难有发现。有的时候，孩子表达的只言片语都是真实的、可贵的信息。身为父母一定要学会倾听，学会探问。比如这个时候，你可以温柔地拥抱着孩子，问他：“是吗？怎么回事啊？”然后让孩子有机会并乐于把事情经过和自己的想法讲出来，这个时候父母才能得到重要的信息，才能做出恰当的判断。

孩子越小越愿意倾诉，父母应充满耐心与兴趣地倾听，因为这是亲子沟通的黄金时期。为什么会有许多父母抱怨孩子越大越不愿意和自己交流呢？其实部分原因是孩子在小的时候倾诉的意愿没有完全得到父母的重视，因而渐渐地孩子也就不愿意和父母交流了。

一位十几岁的小姑娘离家出走了。她的妈妈悔恨地说："我不该去打断她的话，不管她如何滔滔不绝。这样当她长成十几岁的大姑娘时，有事就会和我商量了。"还有一个孩子，他对母亲说："妈妈，请您耐心地听听我所提出的问题。只要您肯听我讲，我就能向您学习去听别人讲。"

如今很多父母不是等着孩子主动说话，就是顾着看电视、玩手机，然后偶尔随声附和地与孩子聊上几句，很少有父母面对面地耐心地听孩子说话。但是，另一方面，有的父母却常常这样说："孩子有什么话也不跟我说，我说什么孩子也不入耳。"而孩子也抱怨说：“父母什么事也不给我们讲明白。父母光说自己想说的话，可我想说的话，父母根本不听。”这种父子或母子感情疏远的现象常常让父母、同时也让孩子感到困惑。

倾听是表示关怀的一种方式、一种无私的举动，可以让你的孩子远离孤独，进入亲密的家庭氛围，并享受父母的温情和关怀。

**· 父母要会听，孩子才会说**

父母要学会倾听，这不仅仅是一种表示关怀的方式，而且还是了解孩子最有效的途径。身为父母有必要定期抽出专门的时间来倾听孩子的心声，让孩子感觉到你对他们的重视，而孩子对父母的信任才会越来越深。这样一来，孩子才会向父母袒露内心世界，让父母知道他们对事物的感觉和看法。因此父母要学会听，孩子才会说。

**· 耐心倾听孩子说话**

耐心倾听孩子说话，才能渐渐地看清楚孩子的世界，父母也会从中发现乐趣而不是苦恼。聪明的父母会通过倾听孩子说话来了解他们的感受，这是非常有价值的一种教育方式。与孩子沟通，为我们提供了一次了解和教导孩子的机会。所以，不论孩子提出的问题是大还是小，都要尽可能地找时间耐心去倾听，而不要让孩子等你有了空闲时间再说。

**· 立即倾听孩子说话**

立即倾听孩子说话有助于赢得孩子的信任，这样孩子才愿意把他所有的事都告诉你。而对父母来说，了解孩子心里想的是什

么，是一件很重要的事情。因此，当孩子与你谈话时，你要尽可能地立即与孩子交谈，这会让孩子感受到自己对于你而言是多么重要，这样孩子就会把更多的心里话告诉你了。

### · 认真思考孩子表达的观点

当然，耐心、即时的倾听是不够的，还要注重与孩子的互动，对孩子表达的观点给予评价。父母不能一边做出认真倾听的样子，一边想着敷衍搪塞地评论，更不能完全不考虑孩子所述观点中的可取之处，只要不符合自己的看法就一概否定，内心深处还是认为孩子的经验与认识相当肤浅。如此反复几次，孩子便有上当的感觉，也就不会再接受你的“倾听”了。

**教子心得**

**学会倾听是父母用行动去关怀孩子的一种途径，父母只有这样做才能搭起与孩子进行心灵沟通的桥梁。**

# 尊重是教育的首要前提

教育家马卡连柯说过：“要尽量多地要求一个人，也要尽可能地尊重一个人。”

教育的前提是尊重。孩子年龄虽小，但也有着同成年人一样丰富多彩的情感世界，懂得快乐与痛苦、羞愧与恐惧，有自尊心和荣誉感。父母对孩子应多一点耐心，少一点急躁；多一些宽容，少一些指责。要尽最大可能保护孩子的自尊心，尊重孩子，因为尊重是教育成功的秘诀，是教育的“切入口”，不懂得尊重孩子，任何教育都无从谈起。

课堂上，学习成绩较差的皮皮举起了手，要求回答老师提出的问题。可是当老师要他回答时，皮皮却答不上来。老师感到非常奇怪，课后问皮皮为什么不会也举手，谁料皮皮竟然哭着说：“老师，别人都会，如果我不举手，别人会笑话我。”此话一出，老师感到了皮皮强烈的自尊心。

于是，他私下告诉皮皮，下次提问时，如果你会就举左手，不会就举右手。

以后上课时，老师每看到皮皮举起左手，就尽量给他机会让他回答，而看到他举右手时，就不让他回答了。一段时间后，皮皮变得开朗了许多，学习成绩也有了很大进步。于是老师又悄悄地把这个方法应用到班里其他几个学生身上。结果，他发现整个班的学生都发生了很大变化。

父母应该像事例中的这位老师那样，要小心地呵护孩子的自尊心，尊重孩子，孩子才会健康快乐地成长。孩子一来到这个世界上，就已经具有了独立的人格和尊严。然而许多父母却视孩子为自己的私有财产，想要孩子做什么，就一定要孩子按照自己的意图去做。不是把孩子当成家庭中在人格上平等的一员，而是作为消极的、被动的“管束对象”。不是尊重、支持孩子的有益的、健康的兴趣和爱好，而是将自己的兴趣和爱好强加在孩子的头上。

孩子在成长过程中会有强烈的被尊重的需要，即对于自尊和来自他人的尊重的需要或渴望。这一需要的满足与否对孩子积极的自我意识的确立、和谐人格的发展具有重要意义。父母应当尽力满足孩子以下方面的尊重需求。

**· 要求得到父母的关注**

孩子通过父母的关注来确认自我的存在。大多数情况下，孩子会用积极的办法引起父母的关注，如主动招呼父母来看自己搭的积木、画的画，要求父母帮自己数跳绳、拍球的次数等。他们迫切地希望父母看到自己的成绩，从父母的关注中获得自信和自

尊。有时，孩子也会用一些消极的办法引起父母的注意，如把整洁的房间搞得乱七八糟，把某件物品打烂，在有客人来访时大吵大闹生出事端。这些都是孩子引起父母关注的信号，他们是想通过父母对他们的关心感觉到自己的重要。

### · 表现出自主性行为

就整个学前期来讲，孩子服从父母的安排，构成了他们生活的主要内容。然而，孩子会在尊重需要的支持下表现出自主性行为——不依赖他人而自由地做出判断与表达主张。比如他们会要求自己选择穿哪一件衣服，自作主张看哪一部卡通片或玩哪一个玩具，无视父母的要求。也许在父母看来，孩子的这种行为让人难以捉摸，但孩子却会尽力坚持自己的主张，一旦如愿，他们便像打了胜仗的战士一样志得意满。

· **求被赞扬和被认可**

孩子都喜欢被父母赞扬和认可，由于这种需要，孩子除了要求父母对他们的各种“杰作”“成绩”给予关注以外，还迫切希望得到父母的夸奖和表扬。一句“你真能干”，往往让孩子心花怒放，并激励他们充满信心地去做别的事情。反之，如果孩子从父母那里得来的信息是自己做得很不好，则会使他们兴趣索然而不愿、不敢去做其他事。之所以如此，是因为父母的认可与赞扬直接作用于孩子的尊重需要，这种正向的鼓励与肯定可以激发孩子的积极情绪，增强孩子的自信心，满足孩子的尊重需要；负向的批评与否定则容易导致孩子消极情绪和情感的产生，以及尊重需要的匮乏。

· **渴望有自己的空间**

孩子的行为控制能力虽然很弱，但他们仍渴望拥有一块“领地”，这块“领地”既是空间上的，也是心理上的。在那里，他们可以随意摆放自己的物品、玩具，给玩具分配角色、安排任务，可以讲述自己的故事，倾泻情感，保存自己的小秘密。在父母眼里，也许这块“领地”里的一切，连同孩子的心计均可以一目了然，但绝不可以轻易点破。因为，一旦让孩子发觉自己的秘密全在父母的掌握与控制之中，他们的尊重需要就会遭受挫折，以致滋生出自卑、弱小、无能之感，很可能会丧失基本的自尊与自信。

总之，尊重是打开孩子心门的钥匙，只有尊重孩子，才能让孩子真正接纳父母的建议或批评，否则，孩子只会关上心门，父母教育孩子的目的便不可能达到。

### 教子心得

**真正爱孩子的父母都明白，爱孩子，就要尊重孩子，尊重他们的意愿和感受，尊重他们做决定的权利。**

# 保护孩子的隐秘世界

孩子在成长的过程中，往往会有许多不愿向父母说的秘密。其实拥有秘密并能恰当处置秘密是孩子走向独立的标志。而许多父母总是想了解孩子的一切，生怕孩子脱离自己的监管会成为脱缰的野马。这其实是不信任孩子的一种表现，也会阻碍孩子的成长。因此，父母要注意保护好孩子的隐秘世界，才能得到孩子充分的信任，这样既会使亲子关系更加和谐，对孩子的成长也更加有利。

星期六一早，付女士的儿子与同学出去玩了。付女士一个人来到儿子的房间，发现儿子的书桌乱七八糟，就走过去想整理一下。

付女士打开儿子的抽屉，在抽屉里，付女士发现了一个黑色的笔记本。

儿子在笔记本的第一页写道："自从我上中学以后，我的心里就逐渐变得空虚与孤独，父母除了关心我在学校里的表现外，就是把我关在家里学习。每天当我伏在桌前，不停地写那些永远也写不完的、该死的作业时，我就有种说不出的痛苦。"

读完儿子的日记，付女士的内心感到了一种强烈的震撼。他原以为自己和儿子是亲密无间的，可万万没有想到儿子与自己之间竟有这么大的代沟。

傍晚，儿子回到家里，又关上房门独处。晚餐的时候，儿子突然问："爸，妈，你俩谁动我的东西了？"

"没有啊。"付女士假装糊涂地说。

儿子见妈妈的态度如此坚定，什么也没有说，闷闷不乐地走开了。

过了两天，儿子出门上学后，付女士又偷偷溜进儿子的房间，打算从儿子的日记里洞察他内心的秘密，可令付女士吃惊的是，抽屉上不知何时安了一把小铜锁。她突然意识到自己犯了一个低级错误。她偷偷地翻看儿子的日记，侵犯了孩子的隐私，因此失去了儿子对她的信任。

随着孩子的长大，父母对孩子的担心，慢慢转变为不放心和不信任。于是一些父母就像事例中的付女士一样，偷听电话、偷看日记。孩子之所以要求父母“请勿打扰”，根本原因在于父母无视孩子的隐私，不尊重孩子的人格与自尊，引起孩子的反感。因为孩子需要父母的尊重和理解，他们也有自尊。

毫无疑问，保护孩子的隐秘世界是对孩子的尊重，父母也会因此赢得孩子的敬重和爱戴。那么，父母应该如何对待孩子的隐私和秘密呢?

**· 不偷看孩子的日记，不偷听孩子的电话**

一个网友曾说，她的孩子16岁了，正是有秘密的年龄。有时孩子写的日记，她会偷看，孩子打电话，她在旁边听，之后发现孩子不写日记了，与同学打电话，也说起外语了，这回她可担心了。其实，这正是由于父母不允许孩子有秘密，孩子写日记、打

电话都像“犯人”一样受到监视，因此只能想办法对付父母了。对于孩子的日记或电话父母不要去偷看或偷听，假如真的有疑惑，可以开诚布公地问问孩子，孩子一般是不会反感的，孩子反感的是父母偷偷摸摸、不光明正大。

**· 不逼迫孩子说出他们的秘密**

对于孩子的秘密，重要的是给予孩子适当的理解与尊重，假如孩子不愿意说出他们的秘密，父母不应该以打骂、斥责等方式逼迫孩子，不然结果只可能是适得其反，而且还会使亲子关系僵化，加大教育难度。假如孩子真的不愿意说出秘密，父母可以耐着性子等等看，另外，父母应当想办法让孩子相信，父母才是最能够给他们切实帮助的人。

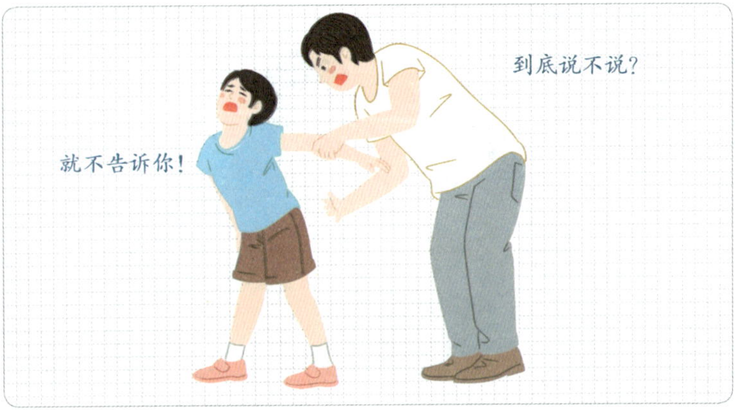


**· 理解沟通，尊重孩子**

随着年龄的增长和独立人格的形成，孩子的保密意识越来越强。如写日记和书信，与同学交往和谈话的内容，都不愿主动向父母透露。这时的父母，可以经常主动找孩子交谈，达到与孩子情感上的沟通，营造家庭中平等、民主、理解、宽松的行为模式，使孩子感到自己和父母之间不仅是血缘上的亲子关系，更是生活中可以信赖的朋友。这样一来，孩子便愿意把自己心中的秘密告诉父母。

**· 有的放矢，引导孩子健康成长**

尽管孩子的自主意识不断增强，但正确的人生观尚未形成，是非观念不强，缺乏自我克制的能力，正值成长的心理危险期，在处理学业、情感、人际关系、生活等许多方面的问题时，可能还把握不好分寸。因而父母在细心观察孩子的思想动态，掌握孩子内心隐秘的同时，要根据其性格、爱好等，有针对性地采取措施，培养孩子分辨是非的能力。当孩子有了自己的爱好、理想甚至异性朋友时，父母更应循循善诱，加以引导，使孩子在学习和生活中把握自己的思维、生理和内心隐秘，规范自己的品德和人格，学会如何去辨别朋友，增进友谊，处理矛盾，并不断排除和修正内心隐秘世界中非健康的因素。当然，父母还要允许孩子“保密”，内心的秘密是每个正常人具备的基本内容，从这个意义上讲，尊重孩子的隐私，就是尊重孩子的人格。

**教子心得**

**有的父母千方百计地窥探孩子的秘密。这不仅侵犯了孩子的隐私权，而且会成为阻碍其心理健康成长的绊脚石。**

## 家教情景漫画

昨天我给小美打电话,妈妈又偷听了。
那你们没说什么秘密吧？
只是说起了咱们班新来的小强。
昨天我听晶晶好像和小美在聊一个男同学。
咱们还是别悄悄听孩子们的谈话。

02

第二章

# 温柔的教养：做温和而坚定的父母

扫码体验音频讲读

# 学会与孩子商量

英国教育家斯宾塞说过："对孩子要少下命令，命令只有在其他方式不适用或失败时才用。要像一个善良的立法者一样，不会因为去压迫人而高兴，而要因为用不着压迫而高兴。"父母与子女之间的沟通，最重要的是相互理解、相互尊重。而实现相互理解、相互尊重的方法就是学会商量。如果父母喜欢与孩子商量，孩子就会非常乐意与父母交流，反之，孩子则会产生逆反心理，封闭自我。

葛女士是一个喜欢与孩子协商的妈妈，对此，她非常自豪，她曾经对朋友们说："我的女儿从没撒过谎，她也不必撒谎。在家里她可以无话不谈，就是说得不好，也不会受到指责。我习惯和女儿商量她的事以及家里的大小事。我们经常坐在一起聊天，而且我们的观点竟是如此地接近，很少有意见相左的时候。

“‘商量’这个词，在其他母子、母女之间的使用率一般是不高的，而我与女儿却将其当做准则。面对任何事情，我从不摆母亲的架子，女儿也不使独生女的性子，商量的格局便形成了。在孩子很小的时候，这就已经约定俗成。比如她看中了一个玩具，我觉得不妥，便和她商量可不可以不要，强压她会不服，糊弄缺乏诚信，商量则是最佳途径。令人欣慰的是，孩子一般都能接受，并且懂事地放弃初衷。

“我家里的抽屉都没有锁，女儿可以翻看任何东西，可以随便拿钱。她很小的时候就尽知家底，我也不对她保密。我内心的不快也愿意向女儿透露，我拿不定主意的事情也乐于征求她的意见，她还小的时候我便将诸如选择购房这样重大的事情和她商量。”

事例中葛女士的做法是值得很多父母借鉴的。很多时候，父母总认为孩子还小，缺乏认识世界和分析问题的能力，是需要父母小心呵护的对象，于是很多父母经常会说：“这不关小孩子的事。”从而将孩子排除在外。不仅如此，对孩子自己的事情父母也会自作主张，代为决定，总认为自己对社会的认识、对问题的分析，完全可以绕过与孩子商量这个环节，自己来做决定。可从孩子的角度来看，父母的事情“瞒着”自己，是对自己的不信任；自己的事情父母不与自己商量，便强加在自己头上，第一反应便是反抗、拒绝。

孩子拥有一个独立的世界，这个世界蕴藏着极大的潜能。潜能的开发，不仅需要个人的努力，而且需要父母的尊重、赏识和肯定。有了这样的认识，父母在遇到事情的时候才能够相信孩子，与孩子商量。商量的魅力在于，它可以使自己学会从孩子的角度思考问题，并且让孩子感觉到自己被尊重，同时，孩子也能学会尊重他人和用商量的方法对待父母和朋友。

学会与孩子商量，在子女的教育中还有更为重要的一个方面，那就是对孩子提出的要求，我们不能满足或不应满足时，我们不应粗鲁而简单地拒绝，而是要学会与孩子商量。这不但可以增加相互间的理解，也可以避免一些无谓的争吵，更重要的是可以教会孩子在社会上怎样与人共事。

每一个孩子都会出现与父母意见不一致的情况，孩子都希望父母能够尊重自己的意愿。如果父母忽视了孩子的主观能动性，

一味地用家长的威严来压制孩子，孩子即使口头上同意了，内心也无法产生努力的动力，在这种情况下，孩子怎么还可能与父母和睦相处呢？

喜欢与孩子商量的父母都是民主的。在这样的家庭氛围中，孩子会渐渐养成民主的习惯，任何事情都愿意主动与父母沟通，这样的亲子关系是非常令人羡慕的。那么，父母应该怎样运用商量来促进亲子关系呢？

### · 孩子的事情一定要与孩子商量

随着孩子的成长，孩子的事情一定要放手让他自己去选择，父母不可替孩子包办一切，即使父母有自己的想法，也要通过商量的方式，把自己的意见传达给孩子，让孩子权衡利弊后再作出自己的选择。

### · 多些商量，少些命令

父母不管要求孩子做什么事情，一定要用商量的口吻，而不要用命令的口吻。比如，在提醒孩子不要看电视时，可以说："你现在是不是该做作业了，做完作业可以再看会儿电视。"而不要简单粗暴地说："别看电视了！"或"没做完作业看什么电视！"商量的语气对孩子来说非常重要，因为商量的语气代表着你尊重孩子，关心他的感受，孩子进而会对你产生好感和信任，这对促进亲子沟通非常有效。

总之，父母要学会与孩子商量，这样不仅可以增加相互之间的理解，避免许多无谓的争吵，还能够教会孩子如何为人处世，促进孩子健康成长。

**教子心得**

**即使是出于“爱”，也不能独断专行，即使是出于呵护，也不能擅自做主。**

# 有效使用身体语言

在人际交往中，身体语言往往能比口头语言传递更多的信息。因此父母在和孩子的交流中，不仅要留意自己的口头语言所传达的信息，还要学会利用身体语言。

最近，小田的爸爸发现小田似乎心情特别好，回家后不仅能自己主动按时完成作业，而且收拾自己书包的时候还哼着歌儿，甚至不需要爸爸妈妈的督促就主动收拾起自己的房间来。吃晚饭的时候，小田的爸爸试探着问小田："儿子，最近是考了100分吗？看上去心情不错呀。"小田摇摇头。妈妈接着问："那就是老师表扬你了，对不对？"小田依旧摇头。爸爸妈妈猜了半天也没有猜出来。这时，小田才说："那天徐阿姨来咱们家的时候，我主动给徐阿姨倒茶，徐阿姨夸我是个懂事的孩子，妈妈虽然嘴上说我都这么大了，为阿姨倒茶是应该的，可是我从妈妈的眼神和表情中看到了对我的赞许，我觉得这是妈妈对我最大的鼓励，心情特别好，从那一刻起，我就真的想做一个自觉的好孩子。"爸爸妈妈这才恍然大悟。

事例中小田的妈妈自己都没有想到，自己一个不经意的表情流露竟然让孩子变化这么大。现实生活中也是如此。当孩子跌倒的时候，我们常常可以看到一些父母嘴里说着："宝宝快起来，不疼不疼！"可是脸上却带着惊慌失措的表情，手也不由自主地伸向孩子。孩子看到妈妈这时候的表情，就会大哭起来。

其实孩子年龄虽小，但是观察能力和感受能力却是相当敏锐

的，他们能从父母微妙的表情和细微的动作中判断出父母的态度。如果在孩子跌倒的时候，父母以坚定的目光看着孩子，并对孩子说："自己起来吧！"孩子就会知道父母不会帮助自己，然后就会自己站起来。

曾经有这样一个实验：让妈妈面无表情地看着正在笑的六个月大的孩子，结果，不一会儿，孩子就不再笑了。当妈妈离开后，再次回到孩子身边时，孩子根本就不看妈妈。这个实验证明，面无表情或郁郁寡欢的妈妈很容易刺伤孩子的心。孩子虽小，但他却能清晰地从妈妈的表情、动作上感觉到妈妈的态度。

也许父母不知道，孩子对于表情的敏感程度，远远超出了父母的想象。据研究，在孩子的语言能力没有成熟前，父母与他们交流时，非语言的表达方式能占到约97%的比重。大一点儿的孩子就更不用说了，他们更善于观察父母语言之外的内容。因此父母在与

孩子的交往时，一定要留意自己的身体语言所传达的信息。

当孩子想妈妈了或者被别的小朋友欺负了，可以把孩子搂在怀里，脸贴着脸，缓缓地拍着他的背部，嘴里轻轻地说些安慰的话，这样孩子那颗委屈、惊恐的心便会渐渐趋于平静。当孩子说着不着边际的话时，父母最好也面带微笑地等他说完再发表见解，可以伴些手势和面部表情，这会让孩子觉得自己像大人一样被尊重。当和孩子玩游戏时，调皮的孩子故意耍赖，妈妈要么刮刮他的鼻子，要么摸摸他的头，再不然就亲亲他……这时候孩子就会围着妈妈又蹦又跳，显得特别开心。

总之，除了正常的语言交流外，父母适时地给予孩子的一个拥抱或者一个吻，都可以很好地激发孩子的积极性，让他们体会到父母的可亲可敬。而对于那些调皮捣蛋的孩子来说，父母一个严厉的眼神，也许比责骂更有效果。

此外，父母在和孩子的交往过程中，还要学会读懂孩子的身体语言，以此来“透视”孩子的内心世界。当一个小孩撒了谎的时候，他很可能会在说完之后立刻用一只手或双手捂住嘴巴；如果不想听父母唠叨，他会用手捂住耳朵；如果看到可怕的东西，他会遮住自己的眼睛。

一个妈妈在与孩子谈话时，十分注意孩子的眼神。她这样总结自己的孩子：“孩子眼神定向专注，表示注意力集中；眼珠发亮，表示思维活跃；眼珠放光，表示懂了；眼珠不亮，表示在思考，但还不明白；眼光闪烁，表示思想上处于矛盾斗争中；眼睛湿润，表示激动。”

不同孩子的身体语言不一定相同，但是只要父母认真观察，就不难掌握孩子的身体语言特点。而在教育孩子的过程中，父母也要适当地运用肢体语言，这样可以强化口头语言的效果。特别是对年龄偏小的孩子来说，父母的肢体语言可以使他们柔弱的心灵得到莫大的安慰，一个鼓励的眼神、一个温暖的拥抱，都会让他们觉得温馨，有安全感。

了解孩子的肢体语言，就可以在孩子需要帮助的时候像春风一样温暖孩子的心；学会用肢体语言表达自己的情感则会让孩子收获更多的关爱和欢乐。请父母时刻把这样一句话放在心头：任何时候，孩子都更愿意相信父母的表情，而不是父母的话。所以，不要吝啬自己的肢体语言，让它们带给孩子一份特别的鼓励和关爱吧！

**教子心得**

肢体语言是与孩子传递信息、沟通感情最简单、最有效的方法，正向肢体语言是亲密亲子关系形成的助推剂。

# 蹲下来，和孩子对话

“蹲下来”，不只是指在生理的高度上尽量与孩子保持相同的高度，更重要的是指在心理上的高度要平等，要用孩子的眼光来看待世界和认识世界，用认真而亲切的态度对待孩子。

一个圣诞节的晚上，一位年轻的妈妈带着5岁的女儿去参加圣诞晚会。热闹的场面，丰盛的美食，还有圣诞老人的礼物……妈妈兴高采烈地带着女儿和自己的朋友们打着招呼，她原本以为女儿也会很开心。但是女儿却哭了起来，还坐到地上，鞋子也甩掉了。

妈妈气愤地一把把女儿从地上拉起来，大声训斥一番之后，蹲下来给孩子穿鞋子。在她蹲下来的那一刹那，她惊呆了：她的眼前晃动着的全是大人的屁股和大腿，而不是自己所看到的笑脸、鲜花和美食。她忽然明白了女儿为什么会不高兴，因为她蹲下来的高度正是女儿的身高。这一次，她知道了，只有蹲下来和孩子一样高，才能理解孩子的感受，才能真正和孩子沟通。

其实，是否“蹲下来”与孩子说话，只是一个形式，重要的是在父母心中，是否真正把孩子当成是和自己一样的具有独立人格的个体，这才是问题的本质。只有父母在心理上不再居高临下，与孩子完全处于平等的地位时，孩子才会把自己的真实想法告诉你。这就是孩子为什么喜欢把心里话对自己的朋友说，而不愿对父母说的原因。

美国一位教育学家说过：“教育孩子最重要的，是要把孩子当成与自己人格平等的人，给他们以无限的关爱。”尊重孩子，认识到孩子也是一个独立的人，有自己的情感和需要，放下作为父母的架子，使孩子觉得父母和自己是平等的，这是父母为了孩子的健康成长所应当做的。

可是，在现实生活中，我们经常看到的却是父母站在那里，大声呵斥孩子："过来！""别摸！"从说话态度来看，父母用居高临下、命令式的语调和孩子说话显得很威风，可是此时在孩子心目中的父母，却并不可敬，自然这样的沟通效果就不会好，而且父母也很容易失去威信。时间长了，父母说的话孩子不会听，有些孩子还会产生厌恶父母的情绪。

无数事例证明，只有父母转变态度，像对待朋友那样去关爱孩子，才有可能让孩子感受到平等。无论孩子的想法多么幼稚，多么没有道理，父母都要学会耐心倾听，让孩子尽情倾诉。父母只有"蹲下来"和孩子说话，真正同孩子建立起一种平等的朋友关系，才能拉近彼此间的距离，更好地进行沟通和交流；也只有这样，父母对孩子的教育才会越来越容易，父母同孩子之间的紧张关系才会慢慢得到改善，家庭才会越来越和睦。那么，要怎样做到从孩子的角度看世界呢？

**· 和孩子保持同一视角高度**

用孩子的眼光看世界，就是从孩子的视角去认识世界，为什么有的孩子不喜欢和爸爸妈妈一起去逛商场呢？因为爸爸妈妈看到的是琳琅满目的商品，而孩子看到的却是一双双枯燥无趣的腿。

**· 学会理解孩子的心情**

如果父母懂得换位思考，能够经常站在孩子的角度看问题，就不会和孩子发生认识上的冲突。比如孩子不想吃药，父母要是

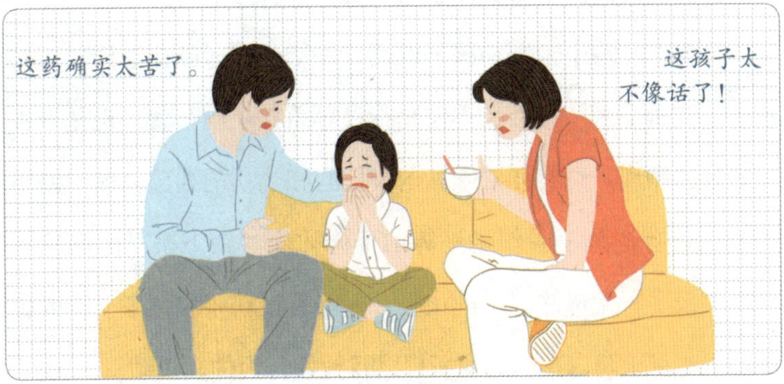

能够站在孩子的角度想一想原因，也许就不会那么生气了。孩子在学校里不认真听课，老师告知父母。如果父母回到家里能够耐心地询问孩子原因，也许就可以避免一场暴风骤雨了。

**· 尊重孩子的意愿**

很多父母为了让孩子变得更优秀，不惜违背孩子的意愿，也并不认真了解孩子真正的兴趣和特长，就完全按照自己的意愿强迫孩子学习一些特长，或者做一些不愿意做的事情，这便是父母以自己的眼光、自己的视角看待世界之后做出的决定，再强加到孩子的头上，而不是从孩子的视角来解读他们的兴趣、特长。这种做法对于孩子的成长来说也是极为不利的，会剥夺孩子的快乐，甚至影响孩子特长的发挥。如果父母在孩子的问题上能够和孩子站在同一立场，给孩子选择的权利，不仅会让孩子有更好的发展，而且会让孩子在成长过程中更加快乐。

总之，“蹲下来”和孩子说话，是增强孩子独立意识的有效方式。“蹲下来”说话，不仅是一种尊重孩子的行为，也是一种教育观的体现。只有怀着崇高的责任心和热切的期望才能“蹲下来”；只有把孩子看作是平等的个体才能“蹲下来”。而只有“蹲下来”，父母才能平视孩子，才能真正获得和孩子交流的机会，才能真正明白孩子心中所想以及他们行为的真正动机。

另外需要提醒父母注意的是，理解孩子的内心感受只能解决问题的一半，更重要的是确认自己的判断与孩子的真实想法是否一致。如果得到孩子的认可，可以采取有针对性的解决办法；如果自己的想法与孩子的不一致，那么就要继续引导孩子对自己的行为作出解释，然后再根据具体情况慢慢引导孩子。

**教子心得**

**用孩子的眼光看世界，你就会和孩子产生很多默契，也会和孩子之间有更多的共同语言，亲子关系会更融洽。**

# 这样说，孩子才会听

在教育孩子的过程中，离不开说服。当孩子有了不良行为时，首先要进行说服教育，可是，不少父母抱怨：“现在的孩子真是不听话，难以说服。”确实如此，现在的孩子由于各种各样的原因，不容易接受别人的劝说。但是，如果父母能掌握一些说服的技巧，使孩子在不知不觉中接受教育，效果会很好。

有这样一个小故事：

齐景公生性好玩，常常爬到树上去捉鸟。晏子想说服齐景公改掉这个习惯。有一天，齐景公掏了鸟窝，一看是小鸟，就又放回鸟窝里。晏子问：“国君，您怎么累得满头大汗？”齐景公说：

"我在掏小鸟，可是掏到的这只太小、太弱，我又把它放回巢里去了。"晏子称赞说："了不起啊，您具有圣人的品质！"齐景公问："这怎么说明我具有圣人的品质呢？"晏子说："国君，您把小鸟放回巢里，表明您有可贵的同情心。您对禽类都这样仁爱，何况对百姓呢？"齐景公听了这些话十分高兴，以后再也不掏鸟玩了，而是更多地去关心百姓的疾苦。晏子顺利地达到了说服的目的。

晏子的赞美最终说服了固执的齐景公。由此可见，赞美对人有一种无穷的力量。

心理学研究告诉我们：每个人的内心都有自己渴望的"评价"，希望别人能了解，并给予赞美。所以，父母在说服孩子时，不妨用"放大镜"观察孩子言行中的闪光点，给孩子一个超过事实的美名，让孩子得到心理上的满足，找回自信，进而让孩子在较为愉快的情绪中接受父母的劝说，使孩子学会自律。

如果你希望孩子按你的想法行事而孩子却并不愿意这样做，那么你就要想办法去说服孩子，而不是用简单粗暴的方式命令他。但是，说服也需要技巧，也就是说，要根据不同的问题选择适宜的说辞。如果不管是什么情况，都用同一种方法去说服，就很难顺利达到目标。因此，要想说服孩子，你就必须巧妙妥善地运用各种表达方法。

辉辉放学回家，进门就嚷着要吃红烧肉。恰巧辉辉的妈妈不在家。辉辉看见爸爸，就嚷着对爸爸说："爸爸，我快饿死了，你做了什么好吃的？"

辉辉的爸爸想到儿子从来不愿意自己出去买东西，就准备借机锻炼一下他，于是说道："妈妈今天不回来，要吃饭就得我们自己做。我看干脆晚饭不吃了吧，煮饭麻烦，法律也没有规定一天必须吃三顿呀。"

"可是我肚子饿得不行了。"

"你想吃什么？"

"我想吃红烧肉。"

"那你去买肉吧。"

"那好吧！"

辉辉的爸爸首先提议"不吃晚饭"，让辉辉感到"绝望"，

再提出“去买肉”这个劝说目标，于是辉辉就非常痛快地答应了，从而顺利地解决了问题，达到了锻炼孩子的目的。现实生活中，教育子女，有效的说服是必不可少的，父母究竟应该怎样做呢?

### · 用“故事”说服孩子

小红比较自私，在家吃东西时，只顾自己，从不顾别人。一次，家里来了客人，吃饭时，小红把自己喜欢吃的东西端到自己跟前大吃起来，妈妈感到很没面子。客人走后，妈妈想起了小时候听过的孔融让梨的故事，就把小红叫到身边给她讲故事。小红听得很认真，妈妈讲完后就问小红：“孔融的做法好不好？如果是你会怎么做？听了这个故事有什么想法？”小红在与妈妈的交流中得到了教育，从此，小红吃东西时不再那么自私了。

孩子总是爱听故事的，父母通过给孩子讲故事，让孩子从中受到教育，是一种非常好的教育方法。

### · 用“家事”说服孩子

小兵学习不专心，还爱睡懒觉，上学经常迟到，父亲经常提醒、训斥都无济于事。有一天，妈妈问小兵：“你爸爸有哪些优秀的地方？”小兵讲了许多，其中讲了爸爸对工作非常热心，每天早上都是第一个起床。妈妈又问他：“你怎么不向你爸爸学习呢？你是爸爸的好孩子，我相信你将来一定会做得比爸爸还要优秀。”果然，小兵没有让妈妈失望，起床一天比一天早了，学习也开始认真起来，作业书写还挺漂亮，得到了老师的表扬。

父母是孩子最信赖的人，也是孩子首选的学习榜样，只要适时稍加引导，孩子就会感受到父母的榜样力量，这比空洞说教的效果要好得多。

**· 用“暗示”说服孩子**

一天，小军看电视看到晚上九点多，父母暗示他，电视看多了会影响视力，影响第二天的学习，还会影响智力发展。小军听到以后就关掉了电视。

暗示是一种说服的技巧，易使孩子接受，避免产生对抗心理。要想让孩子接受父母的意见或观点，父母就要学会晓之以理、动之以情，这是任何消极对立的观点都难以招架的。

总之，用真情打动孩子要比简单生硬地命令和责难强得多，所以，父母对孩子说出的每一句话，都要有诚意，都必须是发自内心的，要真心实意地与孩子交流，并让孩子知道父母也渴望得到他们的认同与理解。

**教子心得**

父母只有善用技巧说服孩子，才能让孩子心悦诚服，继而愉快地接受父母的教导与建议。

# 拒绝孩子的无理要求

随着孩子的长大，其心理发展也在慢慢走向成熟，在这个过程中，孩子的心理历程很曲折，需要父母进行相应的引导。很多时候，孩子会提出一些无理的要求，在孩子看来这些要求很合理，但在父母及周围人看来却很无理，在这种情况下，该如何在拒绝孩子的同时又避免让孩子受到不必要的伤害呢?

妈妈从幼儿园接小健回家的路上，小健对妈妈说：

“妈妈，今天我要吃炸鸡嘛。”

“今天妈妈很忙，我们回家吃饭吧。”

“不行，我就想吃炸鸡。”

妈妈实在没有办法，只好带小健去吃了炸鸡。可是在吃完炸鸡回家的路上，小健又说：“妈妈我不想走了，你背着我吧。”

“快到家了，自己走吧。”妈妈说道。

“不行，就要你背。”小健开始哭闹不止。妈妈只好将小健背回了家。到家后，小健的妈妈要处理一些工作，可小健就是不让，非缠着妈妈给他讲故事。等小健终于睡着，这时已是深夜，妈妈才拖着疲惫的身体处理没有及时处理的工作。

现在很多孩子都像事例中的小健一样，有时非常任性，总是无理取闹，让父母倍感烦恼。而孩子又是父母的宝贝，父母顶在头上怕摔了，含在口中怕化了。正是因为这种心理，溺爱孩子已经成了当前社会极为普遍的现象。如果父母不能对孩子进行合理管教，很容易让孩子在成长的过程中困难重重。

有的父母对孩子没有任何要求，总是迁就孩子，满足孩子的全部需求，就怕孩子不高兴。在这种家庭里，孩子就像是家中的“小皇帝”一样，父母没有一点威信。在这种家庭环境中长大的孩子很容易变得狂妄自大、唯我独尊。

一个冬天的晚上，妈妈带着4岁的皮皮去亲戚家做客。回家后，皮皮忽然发现自己手里的糖不见了。那块糖是亲戚给的，自己家里面并没有这种糖。意识到糖不见了以后，皮皮急得哭了。这时候全家人都过来安慰皮皮，并且承诺第二天一大早就去给他买一模一样的糖和他最喜欢的玩具。可是，皮皮并没有妥协，哭喊着说：“我就要！我就要！现在我就要！”

皮皮坐在地上不停地哭闹，全家都心疼得不得了。于是，他们带着照明工具，开始在皮皮回来的路上帮他找这块糖。随着时间一点一点流逝，马上就到午夜12点了，仍然没有看见糖的影子，妈妈看见皮皮哭得那么伤心，最终便满怀歉意地敲开了亲戚家的门……

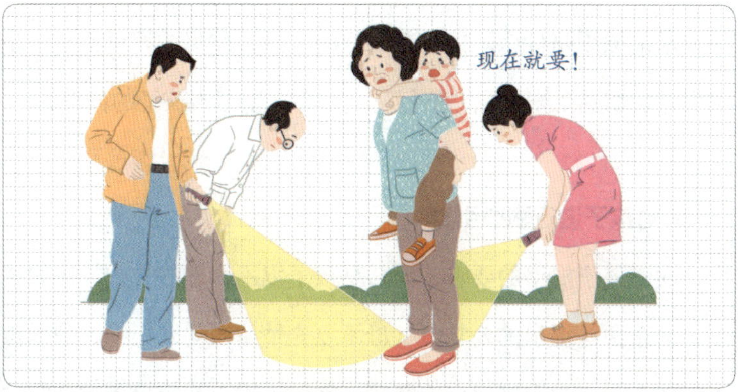


现实中，像皮皮这样的孩子很多，他们做事情的时候从来都是以自己为中心，从不会为别人着想，想怎样就怎样。任性、不懂事的孩子还用一些手段威胁父母，例如不吃不喝、哭闹不止、摔坏家里的东西、离家出走，等等。

著名教育学家马卡连柯曾警示：“父母爱子女不够，子女就会觉得难受，相反地，过分地溺爱也会因此令子女遭到毁灭。”有些父母总是不理这些警告，这样真的能保证孩子的成长是幸福平安的吗？其实，这样的教育方式必然会阻碍孩子各方面的发展，使孩子失去竞争力。

那么父母究竟应该如何拒绝孩子的无理要求呢？

· **对于孩子所提要求的合理性进行分析**

对于孩子所提出的要求，需要先进行分析，搞清楚孩子提出该要求的原因是什么。搞清楚其原因之后，父母才好进行进一步的引导。切莫上来就说“不行”，这会严重打击孩子的自尊心。

· **对孩子进行耐心引导**

面对孩子提出的要求，尤其是孩子以不合理的方式，比如哭闹、摔东西等提出的要求，父母不要先情绪激动地拒绝、训斥孩子，而是要先稳定好自己的情绪，然后再想办法将孩子的情绪稳定下来。可以告诉孩子先喝口水，然后换一个地方坐好，再同孩子详细聊聊这个要求是否合理，是否可以满足，如果不能满足，是否有什么替代方案。

**· 避免加重冲突**

当引导出现问题或无法进行下去的时候，父母切不可发火或进行言语威胁，比如“不听话就不要你了”“以后都不让你出来玩了”“把手机没收”等，这些只会加剧冲突，让孩子内心受到伤害，同时也会增强孩子的抵抗情绪。

**· 及时对孩子进行安慰**

在拒绝孩子的无理要求之后，可以根据孩子的反应给予一定的安慰，比如奖励一些其他的东西来弥补孩子被拒绝之后的心理落差。适当地给予安慰，可以大大减轻孩子的不安心理。同时，不要吝啬口头表扬，强化孩子在放弃要求之后得到的肯定。

**教子心得**

**果断而又巧妙地拒绝孩子的不合理要求，是引导孩子健康成长的重要课题。**

## 家教情景漫画

家长会
这次考试有些同学退步很大。
父母会上老师一定告我状了。
70
老师只是客观地说了大家的成绩，没有单独批评谁。
70
找到问题所在比批评更重要啊！
妈妈我没考好，您不批评我吗？

03

第三章

# 父母的情绪：最好的养育是不焦虑

扫码体验音频讲读

# 父母是孩子的镜子

俗话说：“父母是孩子的镜子，孩子是父母的影子。”孩子从小就与父母生活在一起，父母平时的一言一行、一举一动，孩子都看在眼里，记在心里，体现在行动中。因此，父母的言行举止对孩子起着潜移默化的作用，父母要想孩子健康成长，就要时刻规范自己的言行，给孩子做好表率。

7岁的小冰要喝水，奶奶赶紧给小冰倒水。小冰说：“我要喝冰水！”奶奶说：“天气这么冷，你会感冒咳嗽的，不能喝冰的。”小冰对着奶奶大吼道：“不，我就要喝冰的！就要喝！”奶奶没办法，只好从水壶里倒出热水，打算稍冷后给小冰喝。不想小冰却一

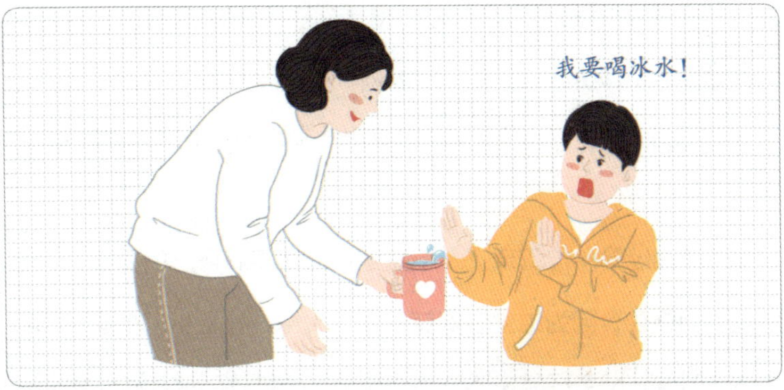


把抢过杯子，把热水倒掉。奶奶再倒一杯水，孩子又倒掉……这一老一小在厨房里纠缠不清。

小冰的爸爸看不下去了，走进厨房欲进行劝解，不料却被孩子给吼了出来。小冰的爸爸苦笑着对此时正在家中做客的朋友说："这孩子，经常这样大喊大叫。"而客人则非常冷静地说："这样很不好，要及时引导。"小冰的爸爸说："孩子妈的脾气很暴躁，有时喜欢大吼大叫，也许是潜移默化地影响到了孩子。"其实，小冰爸爸的脾气就很暴躁，经常为了孩子的教育问题对奶奶吼，这恐怕也是一个原因。

很多成年人对待亲戚、朋友、同事、领导甚至陌生人都是一副好脾气，可在自己的家人面前，脾气却变得格外坏，一句话就能引爆。也许他们潜意识里觉得亲人是不会跟自己计较的，所以才如此肆无忌惮。事实上，亲人不会为我们的坏脾气和我们翻脸，但仍然会因此而伤心难过。对于有孩子的家庭来说，这样做的坏处更大，就是会让孩子产生坏脾气。

父母暴躁，孩子也会暴躁，坏性格、坏习惯会影响孩子一生。

天逸已经是一位母亲了，但是她依旧很不满自己的父亲，也就是孩子的外公，因为她父亲的脾气非常火爆，她从小没少挨打。在她小的时候，父亲经常由于一点小事就大发雷霆，比如有一次父亲做好饭后大家没有及时过来吃，父亲便暴风骤雨般把他们骂个狗血淋头！然而，天逸完全继承了父亲的暴躁脾气。她的工作很忙，平时是父母帮着带孩子。有一次下班后，她想看看报纸，儿子却在旁边闹着要她讲故事，她不想讲，想看报。儿子抢过她的报纸，她的怒火一下子就起来了，顺手扇了儿子一巴掌，儿子大哭。后来，她发现儿子的脾气也越来越暴躁了。

从孩子的身上，可以看见父母的影子。尽管这位妈妈不喜欢自己父亲对待家人的方式，但是她仍然继承了她父亲的暴躁脾气，并沿用了她父亲粗暴的教育方式对待自己的孩子。现在她又把这种暴躁脾气传给她的儿子。这一切非她所愿，但她却未设法控制。

为什么会这样呢？因为孩子受到父母潜移默化的影响，父母身上的一言一行、一举一动甚至内心的情绪，不论好的坏的，他

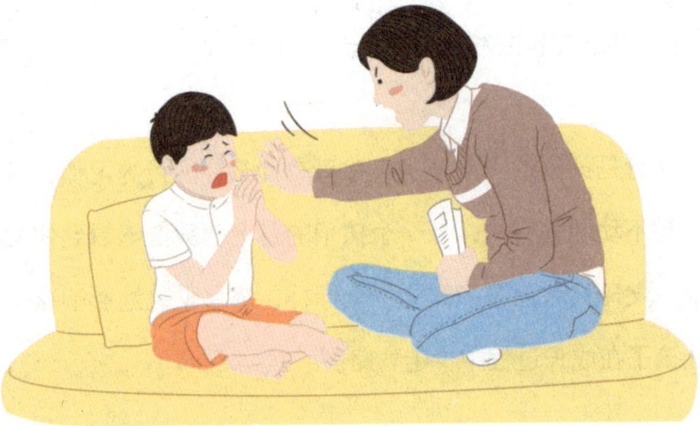

们都极易吸收与模仿。

身教的力量远远胜过言传，这一点想必大家都深有体会。

王新芳有个最大的毛病就是不会物归原位，家里永远是乱糟糟的。她总是用完一件物品后随手乱扔，以致丢三落四，经常找不到自己的东西。于是她一会儿找手机，一会儿找钥匙，一会儿找钱包，一会儿找梳子……一天光在找东西上面就要耗费掉不少时间。好几次钱包落在别的地方，她竟然不知道，真是让人头疼不已。

后来，王新芳发现，自己的儿子小勇也是随处乱放东西，经常把房间和书桌弄得杂乱无章。他每天用在找书本上的时间就很多，而且书包里也总是乱七八糟的，不是丢这就是少那，经常因为没有带上课时需要用的课本而被老师批评。

此时的王新芳终于醒悟过来，觉得是自己的坏习惯影响到了儿子，让儿子也成了一个没有条理的孩子，从此，她开始注意严格要求自己，而孩子也渐渐改正了缺点。

父母是孩子的一面镜子，父母有什么样的行为习惯，孩子也会原封不动地去模仿，从一个孩子的身上，就能够看到他父母的样子。父母只有为孩子树立一个标杆，潜移默化地影响孩子，才能让孩子在成长过程中少走弯路。

如果父母想让孩子遵守秩序，就要先问问自己是否严格地遵守了应该遵守的秩序。孩子不会听父母怎么说，但他们会看父母怎么做！经常会有这样的情形发生：父母让孩子好好做功课、好好读书，自己却在桌边搓麻将，这样孩子是不会好好读书的；还有的父母一边教育孩子少看电视，多画画或多阅读，一边自己窝在电视机前不肯起身，他们的孩子也会迷上电视而不是阅读或画画。

**教子心得**

父母必须严于律己，正所谓正人先正己，父母要从自身做起，为孩子树立良好的行为榜样。

# 好孩子不是“吓”出来的

很多父母认为，告诉孩子自己生气了，或者是对孩子发脾气，会起到一种提醒或震慑的作用，可以制止孩子的错误行为。当孩子犯错时，父母往往愤怒不已，对孩子轻则批评，重则打骂。其实，父母这样的教育方式往往起不到教育孩子的效果，反而会加重孩子的逆反心理，让孩子越来越不听话。

有一位妈妈讲了这样一件事：

有一段时间，我经常说“妈妈生气了”，譬如我的儿子小明刷牙洗脸的时候磨磨蹭蹭，我会来一句“你再磨蹭，妈妈生气了”。小明用完东西不及时归位，我说了两次后他仍然置之不理，我又来

一句“请归位，不然妈妈生气了”，小明就会把东西放归原位。久而久之，我发现这句话的威力真是大呀，每次我这么一讲，然后配合一下面部表情，小明便会立刻遂了我的意愿。后来说习惯了，这句话居然成了我的口头禅，不知不觉就会从嘴里说出来。

有一天，我因为一件比较重要的事情郁闷不已，情绪很低落。小明看出了我的异常，非常紧张，小心翼翼地问：“妈妈，你生气了吗？”我点点头。小明接着说：“为什么呀？是因为爸爸玩游戏吗？”（由于小明爸爸有较严重的颈椎病，上班时又是终日对着电脑，所以我们约定周一到周五不能玩游戏，周末可以玩一个小时。但有时小明爸爸会忘记“规则”，为此我有些小小的不满。）我说：“不是”。小明仰着小脸迷茫地说：“那我也没有拖拖拉拉呀。”看着小明天真的样子，我忍不住笑了，这个小家伙在揣测是什么原因导致我生气呢。

看到我笑了，小明也笑了起来，开心地说："妈妈，你不生气了，是不是？"我笑着说："看见你这么可爱的样子，由不得妈妈不开心呀！"小明居然比出胜利的手势，大呼"耶！"，真没想到，我的情绪转变对孩子竟然有如此之大的影响。从此之后，我改变了我的做法，不再总是把"我生气了"这样的话挂在嘴边，而小明也少了一些忐忑，多了一些快乐！

也许有人会说，小明这孩子懂得察言观色，懂得逗妈妈开心，这是好事呀。没错，的确要让孩子知道每个人都有生气的权利，妈妈不是圣人，也有生气的时候。但是父母的情绪对孩子影响非常大，小明的妈妈正是意识到了自己用生气威胁孩子，会让孩子变得小心翼翼，反省到了自己应该用更积极的情绪面对孩子。因为这位母亲不想让孩子把自己的情绪建立在别人的情绪之上，随着别人的情绪而转移。一个人太在乎别人的情绪和看法，长期下去可能会失去自我。

当父母以生气作为“要挟”的时候，孩子做出的某件事并不是发自内心地愿意做，也不是因为觉得这件事情应该做，而是担心父母生气。这对孩子其实是一个误导。一个人要做某件事，理由应该是自发的、自愿去做，或者觉得这件事情应该这么做。孩子不能因为怕别人生气或不高兴而做，如果是这样，就会有强迫的意味，孩子被强迫的后果就是失去意志上的自由。

如果父母经常用生气威胁孩子，就会给孩子带来一定的压力，就会让孩子感到紧张、不安，所以每当父母说自己生气了的时候，孩子便会立马“束手就擒”，避免父母生气。在父母真正生气的时候，孩子就会因为紧张而变得小心翼翼，做什么都顺着父母的意愿，似乎要以此博取他们的欢心。这样就会让孩子生活在压抑之中。

那么，父母究竟应该怎样做，才能调整好自己的情绪，不轻易对孩子发脾气呢?

**· 要懂得回避**

当孩子只是犯了一些无关紧要的小错误时，父母要懂得“小事化了”的道理，没必要事事计较，小题大做，“大炮打蚊子”的办法并不可取。这时父母可以适当地选择“视而不见”。

**· 转移注意力**

如果父母感到很难控制自己的情绪，就需要转移自己的注意力，从“紧盯”孩子的状态中走出来。当孩子犯错误的时候，最重要的是告诉孩子为什么错了，怎样做是对的，而不是用生气的态度让孩子不安、害怕，那样不仅解决不了问题，还会让孩子无所适从。

**· 及时反思自己**

遇到孩子有不良行为时，父母不要不分青红皂白就先用生气“震慑”孩子，而是应该冷静下来，先检视一下自己，看看是不是自己有哪些地方做得不对或者不好，才让孩子模仿到了，或者是否是由于自己对孩子疏于管教，才使孩子有了些许坏习惯。这样父母就不会轻易简单地以生气的态度来对待孩子了。

因此，作为父母，千万不要选择以生气的方式教育孩子，而是要以更加理性和积极的态度对待孩子，这样孩子才能在愉快的氛围中茁壮成长。

**教子心得**

**好孩子不是“吓”出来的，更不是“要挟”出来的，好孩子需要父母悉心的管教和真诚的赞许。**

# 走进孩子的内心世界

很多父母认为，童年是无忧无虑的，孩子不缺吃、不少穿，有着父母和老师的精心呵护，有着优越的生活环境，是理所当然地应该快乐成长。有这种想法的父母往往忽略了对孩子内心的关注。孩子就一定是无忧无虑的吗？在成长过程中，孩子随时都有可能碰到让他们不顺心的事情。其实，孩子的内心世界往往比父母更加敏感、丰富，并不是像父母想得那样简单。孩子一样会经历困惑、无奈，甚至是情感的纠葛。孩子幼小的心灵有的时候还无法消化这些，这时就需要父母从旁引导或鼓励，帮助孩子走出困境。但是，这时不是要父母去评论孩子、去代其做决定，而是需要父母以一个耐心倾听者的角色走进孩子的内心世界。

孩子的幸福感源于家庭，源于父母。父母要想成为自己孩子最好的朋友，首先要学做一个高明的倾听者。倾听，是一门艺术、一门学问。只有专心地倾听孩子讲话，才会了解孩子真正的想法；只有做到倾听，孩子才会觉得父母是尊重自己的，从而更愿意袒露心声。

这天放学后，强强没有像往常一样安静地脱鞋，然后和家人打招呼，而是怒气冲冲地推门而入。一进屋，就拿着书包好像要说些什么，可是一看到爸爸正在看书，妈妈在厨房做饭，都没有理他的意思，便把书包重重地摔在了地上，自己跑进房间去了。爸爸心想：这个小鬼头今天肯定碰到什么事了。果不其然，不一会儿强强就折了回来，先到厨房对妈妈说："妈妈，我心烦，想和你说件事。"妈妈忙活着锅里的菜，随口应道："儿子，过一会儿，妈妈现在给你做你最爱吃的大虾呢。有什么事，先找爸爸去。"于是儿子无精打采地来到爸爸身边。

"爸爸。"儿子叫了一声。

"好儿子，你怎么了？爸爸觉得你特别没有精神，是不是发生什么事了，能和爸爸说说吗？"爸爸亲切地问。

"爸爸，你说我是不是很差劲啊？"儿子可怜巴巴地想在爸爸的眼里寻找答案。

"为什么要这么说呢？"爸爸很奇怪地问。

“爸爸，今天讨论入团的名单，我又被淘汰了。老师和同学都说我不爱集体，还说我自私，他们说的是真的吗？”儿子的问话里带了一丝哭腔。

“儿子啊，爸爸知道你是个上进的好孩子，这次失利了，你要好好想一想，是不是自己哪里做得不好，才会让老师和同学那样认为的。只要你找到不足，改正了，入团便是迟早的事。”爸爸认真地说。

儿子若有所思地点点头，长长地舒了一口气。

妈妈的饭做好了，全家人坐在桌上吃饭，儿子的情绪已经恢复了正常，手里拿着妈妈做的大虾直说“好吃”。

沟通是打开孩子心结的最好方法，像事例中强强的爸爸一样，静下心来听一听孩子的诉说，给予孩子说话的权利，才能了解孩子情绪变化的原因，从而及时地帮助孩子解决问题。

倾听孩子的心声，了解孩子的心理，化解孩子的心理压力，这是在孩子成长过程中父母必须关注的事情，也是父母应当做好的事情。父母具体应该注意哪些方面呢？

### · 关注孩子的心理动态

父母不仅要关心孩子身体的健康，而且要时刻关注孩子的心理健康。对于孩子的心理变化以及心理状态要及时关注。父母不要认为孩子不知愁滋味，今天不高兴了，睡上一觉，明天就会好了。实际上，孩子的心理很敏感，如果一些让他不愉快的事不能及时得以解决，就会越积越多，对孩子的心理健康，甚至身体健康造成一定的伤害，到那时，让父母头疼的就不光是孩子的情绪了。

### · 注意自己对待孩子的态度

父母在听孩子吐露心事的时候，首先要注意自己的态度，特别是要注意自己面部的表情。哪怕你正在为孩子的语气而生气，也请你松松肩膀，尽量放轻松，并且不要抿嘴。另外，父母要积极面对孩子，及时、真诚地做好与孩子面对面地聆听和交流的准备。尤其是不要交叉手臂，看起来居高临下，这样会让孩子欲言又止。

### · 留出与孩子沟通的时间

很多父母工作繁忙，再加上照顾老人、养育子女，往往焦头烂额。但父母即使再忙碌，也一定不要忽视对孩子心灵的关注。面对孩子想要倾诉的愿望，父母一定要留出适当的时间去陪伴孩子。孩子是会看父母的脸色行事的，他们只愿意把心里的话告诉专注倾听、想去理解他们的父母。所以，即使你工作再忙，时间再少，也要给自己和孩子留下一些沟通的时间。这样，一方面有助于增强孩子对你的信赖；另一方面也有助于孩子养成与人交往时耐心倾听他人讲话的好习惯。

**教子心得**

**如果孩子要向你倾诉，不要以忙为借口，不顾及孩子的情感。这样会让孩子不再那样信赖你，不再愿意与你倾心交谈。**

# 与孩子一起拥抱快乐

对于大多数孩子来说，快乐应该是无处不在的。但在我们身边，也有一些孩子在某些因素的影响下会感到烦闷、抑郁，甚至还会产生厌学等不良情绪。在学校里，热闹的地方找不到他们的身影，他们往往藏在同学的身后，没有笑脸，连同学都不愿意跟他们一起玩；在家里，他们也很少与父母说话，喜欢缩在自己的小房间里，如果遇到不满意的事，更是闷闷不乐。这样的孩子，别说同龄的孩子了，就连成年人都不愿意接触他们，觉得这样的孩子不活泼，难以接近。这类孩子如不能及早改变，很可能就会出现抑郁心理，长大之后也可能会发展成为悲观主义者，甚至引发严重的心理疾病。

“茜茜，该起床了，要不上学就要迟到了！”

几分钟过去了，茜茜的房间里还是没有动静。父亲看看表，已经快7点了，如果再不起床，上学就要迟到了，于是赶紧又去敲茜茜的门，叫她起床去上学。敲了半天的门，里边才传出茜茜很不耐烦的声音：“我不想去上学，我今天还是不舒服。”然后任父亲怎么叫也不开门、不说话。

茜茜今年12岁，已经是个亭亭玉立的大女孩了，成绩也还不错。可是前段时间，茜茜突然变得闷闷不乐、少言寡语起来，有时候还精神不振，整天一副睡不醒的样子，学习成绩也逐渐下降。

这几天，茜茜总说自己不舒服，不想去上学，父亲要带她去医院，她也显得很不耐烦，不肯去，父亲没办法，只好帮她跟老师请假。但在家里，茜茜也只是闷在自己的小房间里，只在吃饭的时候出来吃点东西。

昨天，父亲实在没有办法了，便给茜茜的班主任打电话，询问女儿前段时间在学校的情况。原来前段时间学校评“三好学生”，本来每年都会当选的茜茜这次却落选了。从那以后，她便变得沉默寡言，下课也不爱和同学们一起玩了，上课总是走神，学习成绩也逐渐开始下降。这不，这几天连学都不肯去上了。

事例中的茜茜正是由于“三好学生”落选的事件，引发了一定程度的抑郁情绪。抑郁情绪对孩子的身心发展十分有害，它是一种消极的复合性负面情绪，包括悲伤、恐惧、焦虑、痛苦、羞愧、自罪感等，它使孩子的心理过度敏感，对外部世界采取回避、退缩的态度。

导致孩子出现抑郁情绪的原因是多方面的，既有孩子自身的性格问题，也有家庭教育的因素，因此在孩子的成长过程中，父母时刻关注孩子的心理健康是非常重要的。缺少了这一环节，将会使孩子走进抑郁的情感世界。

作为父母，如何帮助孩子拨开乌云见太阳呢？如何正确引导孩子远离抑郁情绪呢？

### · 营造良好的家庭氛围

有些父母常常因为忙于工作，只把家当作吃饭和睡觉的地方。还有的父母经常在家中说一些消极的话，比如对社会不满、自己受到不公平的待遇等，这些都会影响孩子心理的发育。孩子在少年时代常常感觉不到快乐，也会出现消极、抑郁情绪。

另外，父母之间感情冷淡甚至出现争吵等不良家庭氛围，也会给孩子的情绪带来不良影响。还有些父母把孩子的分数看得过重，也容易导致孩子抑郁情绪的出现。

### · 让孩子合理宣泄烦恼

如果孩子长期处于一种消极的情绪当中，肯定会影响其健康成长。所以当孩子遇到困难时，父母要帮助孩子化解压力，让孩子变得更加达观，告诉孩子人生不可能万事如意，不必把一时的困难看成永久的障碍，许多困难都可以克服，烦恼也都会烟消云散，要在孩子遇到问题时鼓励孩子走出困境。

当孩子被不良情绪缠绕时，父母还要主动教给孩子一些宣泄情绪的小窍门，比如允许他们大哭一场，或做一件自己喜欢的事情，还可以同好友聊聊天，等等。总之，父母要告诉孩子不要将烦恼锁在心中。

**· 父母要经常检查自己的情绪**

有的父母自己有抑郁、焦虑的情绪，在和孩子沟通的过程中，不由自主地表现了出来，从而影响到孩子。如果父母是乐观开朗的人，就能够用更积极的情绪去影响孩子。所以，作为孩子的启蒙老师，父母也要经常检查自己的情绪。时刻提醒自己，不要让孩子感染到自己的负面情绪。

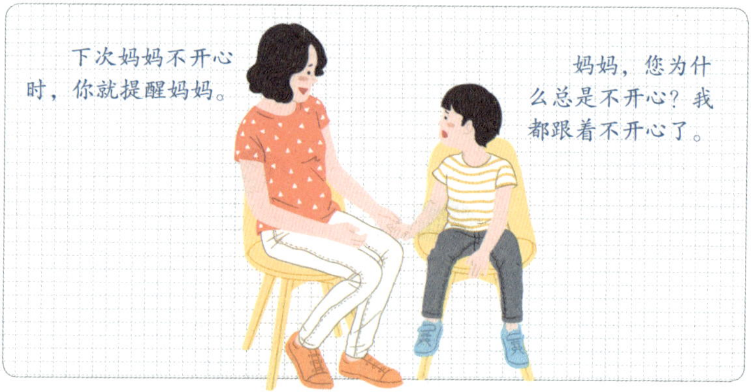

· **放手让孩子追寻快乐**

快乐的体验有助于培养孩子大方和开朗的个性，父母不应该因为怕孩子影响学习，就剥夺孩子游戏、唱歌、看小说的权利，而应该学会放手，让孩子做他们自己喜欢的事，追寻快乐，这样才更有利于孩子的成长。如果孩子没有特别的兴趣，父母还要加以培养，让孩子追寻快乐，把抑郁赶跑，换来好的心情。

**教子心得**

**父母应当以身作则，将自己阳光、自信、乐观、洒脱的一面展示给孩子，并教会孩子战胜抑郁的办法。**

# 家教情景漫画

04

第四章

# 在远远的背后带领：好父母不越界

扫码体验音频讲读

# 敢放手，让孩子自己做

日常家庭生活中，父母对孩子的事情越俎代庖、一手包办的现象屡见不鲜。孩子还小时，父母会喂孩子吃饭，替孩子整理房间，收拾玩具；等到孩子上学了，父母管接管送，甚至填报高考志愿也由父母决定。父母的这种过度关心，很可能会让孩子养成过度依赖的坏习惯，孩子做什么事都依靠父母，自己从不动手动脑，时间长了，孩子就如同经不起一点风雨的温室花朵。

敏敏是家里的小公主，从小长到大，对她百依百顺的父母把她照顾得很好。敏敏在家里，除了吃饭、做作业这些事情自己做外，剩下的事情基本上父母都包办了：每天早晨起床后，妈妈替她叠被子，给她盛饭，就算刷牙，妈妈也要先替她挤好牙膏。在家里，敏敏别说是洗衣服，就是连洗袜子之类的小衣物也全部由妈妈代劳。每次敏敏想自己做事，爸爸妈妈不是说：“这些事情我们做就好，你只管学习就行。”要么就是说：“别动，这个容易划破手。”时间长了，敏敏也习惯了什么事情都不做。就这样，敏敏完成了小学和初中的学业。

转眼，敏敏就上高中了，她所在的学校离家比较远，敏敏需要住宿。这可把敏敏的爸爸妈妈给急坏了：女儿从来都没有做过家务，没有父母在身边她的生活怎么办？敏敏自己也适应不了学校生活，不会收拾床铺，衣服也不会洗……敏敏天天都要给爸爸妈妈打电话，让他们很不安心。妈妈十分不放心她，于是开始了陪读生活。敏敏的父母这时才担忧起来，心里想，女儿高中了还需要陪读，到了大学怎么办呢？女儿总不能一辈子都让父母照顾吧。

敏敏的这种情况在生活中并不少见。为了让孩子过得更加舒适或者有更多的精力去学习，太多父母包办了孩子的生活。但是他们不知道，包办式的照顾让孩子失去了生活自理能力，孩子会因为缺乏锻炼，能力得不到提高。一旦遇到挫折，孩子就会手足无措。孩子长大离开父母后，很可能连基本的生活都没办法适应，学习和工作也会受到影响，甚至可能会遇到更大的挫折。

父母要懂得，在照料孩子的过程中，让孩子逐步掌握独立生活的能力，要比让孩子生活得舒适重要得多。假如什么事父母都帮孩子做，孩子动手动脑能力得不到锻炼，就等于限制了孩子这些能力的发展。时间长了，孩子过分依赖父母，会成为父母长久的负担。事实上，孩子的惰性不是天生的，他们也并不是不想自己照顾自己，只是父母没有给他们锻炼的机会。那么，父母应该怎么创造机会让孩子得到应有的锻炼呢?

**· 父母要有足够的耐心**

孩子刚开始学做事情时，难免会笨手笨脚。如果父母表现得不耐烦，觉得还不如自己亲自做，什么都不让孩子尝试，孩子就无法在失败中得到经验和教训，更没办法体会到成功的满足感，当然也就不能获得独立生活的能力了。

其实，当孩子年龄还小的时候，因为技能和经验的缺乏，难免做事会出错，这时父母应该耐心地教导，鼓励孩子多多尝试，慢慢地，孩子就能做好事情了。如果害怕他们出错或耽误时间就

剥夺孩子锻炼的机会，孩子的能力不仅得不到提升，而且自信心也会受挫。所以父母应该多让孩子做事，不要害怕他们会做错事情，而要让他们尽力去做，并和他们一起分析失败的原因，找出解决问题的方法。这样才能锻炼孩子的各种能力，孩子将来也更加容易融入社会。

### · 不要把学习当成孩子生活的全部

有的父母认为学习是孩子的全部，孩子需要做的就是好好学习，其他事都不让孩子过问。长此以往，孩子就只会学习，自理能力得不到锻炼。虽然有的孩子后来考上了好大学，但却有个别学生因为自理能力差被迫退学。只具备学习能力的孩子是不能够在社会上立足的，还必须要拥有基本的生活技能。父母应该懂得，包办孩子的生活是阻碍孩子成长的绊脚石。

### · 让孩子得到应有的锻炼

父母都喜欢给孩子规划未来的道路，替孩子做各种决定，觉得孩子对事物的认识不够全面，又加上没有社会经验，所以根本不能自己做决定。不过父母要知道，自己不可能陪孩子一辈子，更不可能替孩子做每一个决定。如果孩子从小就不具备自己做决定的能力，很容易依赖父母，也很难独具慧眼。所以，当孩子成长的时候，父母应该为孩子提供更多能够自己做决定的机会，即便孩子会做错事，他们也能在错误中更清楚地认识自己，获得一些经验教训。

正所谓：“父母之爱子，则为之计深远。”让孩子得到应有的锻炼，才是对孩子真正的爱，而一手包办孩子的一切，看似对孩子关怀备至，但对孩子的成长而言却是有百害而无一利的。

### 教子心得

**让孩子更好地适应社会，是父母教育子女的重要方面，只重视学习的父母是急功近利的，不利于孩子成长。**

# 培养孩子的自理能力

生活自理，简单地说就是自己照顾自己，是一个人所应当具备的最基本的生活技能。孩子生活自理能力的形成，有助于培养孩子的责任感、自信心以及处理问题的能力，对孩子今后的生活会产生深远影响。如果孩子做不到生活自理，就会养成依赖父母的习惯。这样的孩子一旦脱离了父母的照顾，就会无所适从，不能很好地适应环境。

小迪在家从没做过家务。妈妈认为学习才是小迪唯一应该做的，至于其他的事情，全部都是妈妈做。这年夏天，小迪要去参加在上海举行的钢琴比赛，应主办方的要求，所有参赛的孩子都由钢琴学校统一组织前往，而不是由父母陪伴。也就是说，小迪要跟随着钢琴学校的老师和同学们一起去参赛。这样一来，小迪就没有了妈妈时刻陪伴在身边，只能按照学校的统一指挥，过几天集体生活了。

这下，小迪可傻眼了。每次用餐，他不是吃多了，就是没吃饱，也不知道合理搭配饮食。另外，小迪因为在家里穿的衣服都是由妈妈给准备好，妈妈让穿什么小迪就穿什么，因此自己从来没有考虑过该穿什么衣服的事情，所以离开妈妈，小迪根本不知道根据天气的冷热添减衣服。

还有更糟糕的事情。小迪从来没有自己洗过袜子，如果不是妈妈每天把新的袜子放在床边，小迪根本就不知道自己穿哪双。这回，小迪的袜子穿得太脏了，可是自己却不会洗，于是他就把脏袜子全部扔掉了。那几天恰好赶上上海大降温，没了袜子穿的小迪着了凉，开始感冒、拉肚子。

这次到上海参加比赛，小迪被生活琐事弄得焦头烂额，比赛成绩可想而知，而且给带队的老师和同学们带来很多麻烦，小迪自己也很沮丧。

日常生活中，很多孩子离开父母后都会有小迪这样的遭遇，这正是因为父母忽略了对孩子生活自理能力的培养。因此，在离开父母后，孩子会变得无所适从。

很多父母认为，随着孩子年龄的增长，自理能力会自然而然地逐步形成，都是水到渠成的事情，不必太过重视。这种想法是非常错误的。及早培养孩子的自理能力不仅能让孩子具备独立生活的能力，更能让孩子明白成长之路需要自己走。那么，父母应该如何培养孩子这方面的能力呢？

**· 增强孩子生活自理的意识**

假如孩子的任何事情父母都代劳的话，时间长了，孩子就会觉得这些事本来就应该父母替自己做，慢慢就会产生一种心理依赖。如果父母在孩子产生这种心理之后再去培养孩子的生活自理能力，就比较困难了。所以，当孩子具备了基本的自理条件时，就应该告诉孩子自己的事情自己做。如果孩子有了这样的意识，慢慢就会不再麻烦爸爸妈妈了。

**· 有方法、有步骤地提高孩子的自理能力**

当孩子还在上幼儿园时，父母就可以训练他做自己的事情。开始上学的孩子，父母应该逐步锻炼他们收拾自己的书包和房间、洗自己衣物的能力。另外，父母还应该让孩子帮忙完成洗菜、购买物品、打扫卫生等一些力所能及的家务。这不但有利于培养孩子的自理能力，还有利于孩子养成爱劳动的习惯，并且可以培养孩子的集体感和责任心。

**· 教给孩子必要的方法**

教孩子的时候要有耐心，因为孩子并不是天生就具备自理能力。要让孩子做到生活自理，必须让孩子明确生活自理的方法。孩子没学会系鞋带的方法，就谈不上系好鞋带；孩子不知道怎么洗脸，就谈不上怎么把脸洗干净。也就是说，即使孩子具备了自理意识，如果缺少自理的方法，也做不好事情。父母要通过寓教于乐的方法，让孩子学到一些必要的生活技巧，然后根据孩子的发育程度，有的放矢地培养孩子的自理能力。

**· 循序渐进，逐步提高**

在孩子年龄较小时，受到发育程度和认知水平的限制，孩子的自理能力必定较弱，这时父母不要心急，而是应当耐心地教孩子，引导孩子，多给孩子尝试的机会。有时孩子做得很不好，甚至会给父母添乱，这时父母也不要让孩子放弃尝试，而是应当鼓

励孩子多尝试。孩子在获得初步的生活自理技巧后，要注意提高孩子做事情的速度、质量等，让孩子的生活自理能力逐步得到提高。

**· 父母对孩子做的事应以鼓励、肯定为主**

孩子在第一次做一件事的时候难免会出现一些失误。父母此时不该责骂孩子，否则孩子的积极性就会受到打击。如果孩子做错了，父母应该帮他们分析原因，看看问题到底出在什么地方。对于孩子的进步，父母要给予赞扬，并且要让孩子每天都尝试着做新的事情。

**教子心得**

**培养孩子独立自主的精神，让孩子摆脱依赖，就要让孩子从身边小事做起，从现在做起。**

# 让孩子拥有选择的权力

1631年，英国剑桥商人霍布森从事马匹生意，他对人们说：“你们买我的马、租我的马，随你的便，价格都便宜。”霍布森的马圈很大，有很多马匹，但是马圈只有一个小门，高头大马出不去，出去的都是小马，买马人左挑右选却只能选择小马，因为霍布森只允许人们在马圈的出口处选。后来人们为了讽刺霍布森，就把这种没有选择余地的选择称为“霍布森选择”，也就是说做选择的人无法通过自己的对比和判断来主动地进行选择，而只能被动地去接受那些没有选择余地的选择。

在孩子的教育方面，这种霍布森选择效应也经常可以见到。一些父母总是高举着“父母当家，为儿女做主”的旗帜，强迫孩子按自己的意愿来做。这些父母认为帮孩子做出选择的初衷是为孩子好，可是自作主张强迫孩子做不愿做或者根本做不了的事，往往会事与愿违，甚至与自己最初的目的南辕北辙。实际上，每个孩子都有自我管理和选择的潜在能力，父母给予孩子的机会越多，孩子就会成长得越快、越健康。

谢军是世界闻名的国际象棋大师，曾经获得过多项世界冠军。她的成就让无数人羡慕。可是你知道吗，她能够取得今天的成就与她的父母给她自主选择的机会有着密不可分的关系。

1982年的时候，谢军才12岁。在小学快毕业时，她站在了人生的第一个十字路口上，面临着的是升入重点中学还是继续学棋这两条路。小学6年中，谢军有7个学期被评为“三好学生”，学校决定要保送她上重点中学，这样品学兼优的孩子，可以说是人见人爱。但是，国际象棋的黑白格世界同样吸引着谢军。面对着这两个选择，谢军真是左右为难。是进高等学府继续深造，还是当一名国际象棋运动员呢?

后来，妈妈叫来了女儿，用商量的语气对她说：“谢军，抬起头来，看着妈妈的眼睛，告诉妈妈你是不是很喜欢下棋？”这是母亲对女儿未来选择的提问，也是对女儿命运的提问。谢军的家庭氛围是民主、自由的，父母对孩子的选择采取了审慎的商量的方法，充分尊重女儿的意见和选择。谢军听了妈妈的话，抬起头来严肃地看着妈妈的眼睛，坚定地说出了7个字：“我还是喜欢学棋。”

得到女儿的回答后，妈妈同意了谢军的选择，但是她又极其严肃地对女儿说：“好，你喜欢下棋，爸爸妈妈都支持你！但是你要记住，下棋这条路是你自己选择的。既然你做出了这个重要的选择，今后你就应该负起一个棋手的责任，如果中途遇到困难也决不能轻易放弃，或者为今天的选择后悔。”谢军点了点头，最终她坚持了自己的选择，并成为一名世界著名的国际象棋大师。

生活中，像事例中这样民主的父母并不多，大部分父母在孩子的衣食住行、学习上倾尽全力，但却经常忽略孩子自己的理想、人生规划等精神层面的问题，最终导致孩子陷入“霍布森选择”的陷阱中。

冰仔是个可爱的小男孩，他很喜欢看书，总是会从图书馆借自己感兴趣的书回来看，而他的妈妈从不干涉。有一天借完书，冰仔兴冲冲地把新借的书交给妈妈。妈妈看到第一本很开心，因为这是一本很符合他现在的阅读能力的书。看到第二本，妈妈有些失望，这是一本关于颜色的英文书，每页只有一个表示颜色的单词加上这种颜色的物品的图片；书很漂亮，但对冰仔来说过于简单。但是妈妈的脸上没有表现出不快来，还是带着孩子开开心心地回家了。

结果回家之后，孩子借的第一本书有些部分需要妈妈认真读给他听，而看到第二本书的时候，他兴奋地站起来说："我要做小老师，把这本书的知识教给妈妈！"在讲解的过程中，他使用的词汇量完全超出了书中那几个简单的单词，甚至有些单词妈妈都不会，还是从儿子那里学到的。

父母要想使孩子成为有主见、对未来充满信心的人，就要在日常生活中多给孩子做选择或决定的机会。比如孩子到商店买什么衣服，选择什么玩具，读什么书等小事，可以让孩子自己去做决定，这样他们会很高兴，主动性变强，最终变得果断起来。

此外，父母还要在家庭中尽量营造民主的氛围，不要认为孩子还小，很多事情就不让孩子参与，将孩子拒绝在家庭决策之外。家庭中遇到任何事情都可以通过开家庭会议的方式协商，并给孩子参与家庭会议的机会。父母在谈论家庭事务时，可以有意识地问孩子：“你觉得这个建议好不好？”“你认为这些东西该不该买？”久而久之，孩子必然就会成为一个有主见的人。

### 教子心得

在选择的过程中，孩子能够得到思考和锻炼，长大之后更容易成为有思想、有主张的人。

# 让孩子自己选择朋友

每个成人都有各种各样的朋友，有的开朗，有的热情，有的有深度，有的有抱负，只要朋友身上有一个吸引自己的优点，自己便愿意和他做朋友，更何况是孩子。

这是一个妈妈的心声：

一位老师告诉我，她给班上的孩子们布置了一篇作文，题目自拟。9岁的天奥写了一篇题目为《妈妈，那是我的朋友》的文章：

妈妈总希望我的朋友都是十项全能的优等生，会弹钢琴、会游泳、会打羽毛球、绘画比赛也得过优胜奖……

有一次，我带朋友到家里玩，当妈妈发现我最好的朋友大刚只是一个中等生时，她失望极了。朋友走后妈妈就开始唠叨我，说让我学着多跟优等生接触，少跟这些成绩平平的孩子交往，这样对我的成长不利。还说，近朱者赤，近墨者黑。我知道，妈妈是为了我好，因为她是最疼爱我的人，但是，我真的觉得我跟大刚在一起很快乐。大刚的手特别灵巧，会做很漂亮的弹弓……

生活中有很多像天奥妈妈一样的人，她们希望孩子生活在一个优秀的团体里。孔子说过：“益者三友，损者三友。友直，友谅，友多闻，益矣；友便辟，友善柔，友便妄，损矣。”谁不想让孩子交到品学兼优的朋友呢？

一个人的朋友决定一个人的高度。即使是一个本来就很庸俗的人，如果经常接触趣味高雅的朋友，自己也会慢慢改变。所以

父母才会专门为孩子划定他的朋友圈。父母对于孩子的朋友可谓是精挑细选，但是就像天奥一样，孩子对此并不认可，在他的内心中或许潜藏着这样一个呼声："妈妈，那是我的朋友，不是你的！"所以，父母们，请让孩子自己做选择吧。

研究表明，孩子必须先学会交往，在交往中学习跟不同的人打交道，才可能形成正确的交友观，这对孩子来说是很重要的一课。所以，请不要干涉孩子交朋友，更不要以自己的好恶来评判孩子所交的朋友。父母要相信自己的孩子有判断力，他们知道谁是好孩子，谁是坏孩子。父母如果实在不放心，可以和孩子好好沟通，问问他对他的朋友的评价，然后父母再说出自己的想法。但是，最后与谁交朋友，应该是孩子自己说了算。因为交朋友的是孩子，而不是父母，父母择友的标准，并不一定适合孩子。

那么父母具体应该怎样做呢？

**·不能把成绩好坏作为划分孩子的朋友好坏的唯一标准**

除了鼓励孩子去交朋友外，父母首先要明确一点，就是不能把成绩好坏作为划分孩子朋友好坏的唯一标准，不要动不动就以"十项全能"来要求孩子的朋友。同时，应该善于发现其他孩子身上的优点，尽可能让孩子与性格不同的朋友交往，并鼓励他们相互学习。因为这样不仅会使孩子们的优点在互相交往的过程中得到强化、发展，而且还能逐渐让孩子们克服自己的缺点。

· **对孩子进行合理引导**

当然，对孩子与同辈群体的交往也不能放任自流，毕竟孩子还不是完全意义上的成年人，他们自身的能力是有限的。所以，

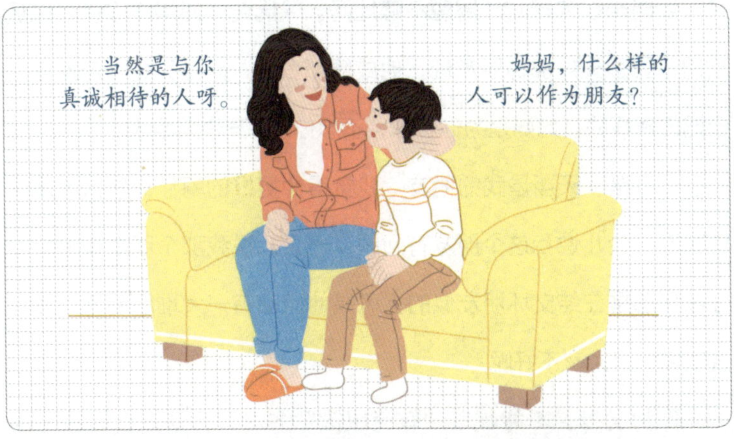

引导是必不可少的，但是要注意方式和方法。比如可以对孩子说："你有了自己的朋友，这很好。应该互相关心，互相帮助。"或者说："我很想见见你的朋友，你看可以吗？"适时与孩子讨论他与朋友交往的情况，帮助孩子作出选择。

**·不要戴"有色眼镜"看待孩子的朋友**

孔子曰："三人行，必有我师焉。"没有一无是处的朋友，只有不会发现的眼睛！

周飚刚刚要上洗手间，电话铃声响起来了。妈妈接起来，周飚听到好像是找自己的。周飚想去接，妈妈向他摆了摆手。电话挂了以后，周飚问妈妈是谁。妈妈满不在乎地说："是天翔。他说要来找你玩，我说你不在家，去小姨家了。""妈，你为什么要这样说？我明明在家啊！"周飚不解地问。"周飚，妈妈跟你讲，以后咱们不要跟天翔那种朋友玩，他成绩那么差，而且又是单亲家庭，会把你带坏的。妈妈是为你着想，不想你结识一些坏朋友。"

"可是，天翔是我的朋友。我觉得他挺好的啊！你怎么老是这样呢？一会儿说我这个朋友有问题，一会儿说我那个朋友有毛病，好像我总是在结交坏朋友似的。可是他们都有一大堆朋友啊。凭什么就你觉得人家不好呢？"

作为父母，不能戴着"有色眼镜"去看人，这样会给孩子灌输一种错误的人生观和价值观，还可能会让孩子失去交友的乐趣。父母如果看人只看一方面，也会影响孩子今后对人的判断，使孩子难以收获真正的友谊。

### 教子心得

父母要引导孩子培养正确的交友观，尊重孩子对朋友的选择，不能以世俗的眼光来衡量一段纯真友谊的好坏，同时也要为孩子把好关。

# 家教情景漫画

妈妈，开学要军训，您帮我向老师请假吧！
为什么不想参加军训呢？
因为太累了！
军训很锻炼人，而且也很有乐趣，你应该去的。
真的很有意思吗？那我也要去接受锻炼！

05

第五章

# 父母的语言：让爱在亲子对话中流动

扫码体验音频讲读

# 再忙也要与孩子聊天

父母是孩子最好的老师，而语言又是早期教育最重要的环节，因此作为父母，与孩子的语言沟通与对话十分重要。可是在现实生活中，很多父母由于工作压力大，生活琐事多，认为只要让孩子吃饱穿暖就行了，忽略了与孩子之间的对话。殊不知，对孩子而言，父母陪他们说说话甚至比吃饱穿暖更加重要，因为亲子间的对话是孩子精神世界的养料。

米奇上初中一年级，一天，他对老师说："我很害怕放假。"老师很奇怪，就问他究竟是怎么回事。他说："放假在家里，爸爸妈妈都上班了，只有我一个人在家，我特别害怕，也很孤独，根本没有人跟我说说话。爸爸妈妈一点也不了解我，他们只会问：‘作业写完了吗？这一天你都干什么了？’他们从来不问我在想什么，也不和我聊天。我想说的话只能晚上说给星星和月亮听。我不喜欢放假，我喜欢上学，因为学校里有同学，和同学在一起我感到很开心。”

其实，在现实生活中，像米奇这样的孩子有很多。忙碌中的父母忽略了与孩子的交流，对孩子的语言能力和心理能力都造成了一定程度的伤害。

一项“家庭教育大调查”显示，60%的父母每天与孩子相处的时间有4个小时左右，亲子共处时，最常从事的活动是：35%的父母看电视，25%的父母辅导孩子学习，剩下的则是其他活动。而父母每天和孩子说话的时间，则基本上在半小时以内，而且说话的内容多是“教育性”的，而不是“交流性”的，也就是说，很多父母与孩子仅有的交流是充满目的性的说教，而不是单纯地与孩子轻松地聊聊天。

许多父母觉得给孩子吃好的、穿好的，关心他们的学习，孩子就会感到很幸福。其实科学研究证明，最有威信的父母反而是那些每天能安排一些时间和孩子说话的父母。要让孩子感到幸福，绝不仅仅是提供物质上的满足，更重要的是与孩子在精神上有良好的沟通。每天抽出一定的时间陪陪孩子，就是与孩子进行精神交流的最好渠道。

在现代社会中，父母的压力很大，常常是在跟时间赛跑。有时回到家里，孩子已经睡了。然而，聪明的父母总是能够挤出时间陪孩子聊聊天，分享孩子的心情。

下面这位职场妈妈就想出了一个聪明的办法：

文文的妈妈是一名高中毕业班的教师，工作十分忙碌。但是她从来没有忽视与孩子的语言交流，她说：“我把抽出时间与儿子交流作为每天的工作内容之一。我下班晚，于是就要求自己每天中午必须抽出半小时与儿子‘煲电话粥’。开始的时候，我主动打电话给儿子，问他学习有什么困难？老师对他有什么要求？需要妈妈给予什么帮助？开始，儿子不太喜欢说这些，但是经过我的启发和开导，慢慢地他就把在学校遇到的困难，与同学的交往情况，甚至有哪个同学欺负他，等等，都讲给我听。

“听完他的问题，我会帮他分析原因，引导他正确处理，使他感到每次与妈妈‘煲电话粥’都很愉快。渐渐地，每天中午，我不打电话给他，他就会打电话给我，向我汇报学习上遇到的困难，讲述学校中的趣事。他还调皮地称中午时间是‘妈妈时间’。”

其实，即使父母真正陪伴孩子的时间很短，但是只要注重质量，仍然能让孩子感受到父母对他们的爱，建立起良好的亲子关系。当孩子感到父母的爱与关怀的时候，他的情绪就会变得稳定，自信心就会持续增长。

作为父母，具体应该怎样有效地与孩子对话呢?

## · 注重与孩子的情感交流

注重与孩子的情感交流，是父母与孩子成为知心朋友的前提。与孩子交流的时间最好选在吃饭时和睡觉前，因为这是孩子情绪最为平稳的时候。有些父母在工作时，暂时把孩子交给保姆、老人或者学校，但是谁也取代不了父母在孩子心目中的地位，父母一定要挤出时间陪孩子，因为孩子需要和父母“单独在一起说话”的时间。

## · 通过对话让孩子感受到你的爱

孩子需要从与父母的对话中感知父母对他们的爱，从而获得安全感和幸福感。同时，孩子也需要父母与他们一起分享喜悦，分担痛苦。如果缺少父母的陪伴与沟通，孩子就容易“情感饥

饿”。“情感饥饿”的孩子可能会特别任性，偶尔还会做出一些古怪的行为，以引起父母对自己的注意，同时也可能极端自闭，郁郁寡欢。当孩子出现这些情况以后，父母才发现自己的失职并且后悔不已，很可能已经来不及了。因为要修补受到伤害后的亲子关系，解决孩子的“情感饥渴”问题，或许要花很长的时间，也许永远也不能实现。

**· 创造愉快的亲子对话氛围**

父母与孩子之间的交流与对话，要在平等、和谐、愉悦的氛围中进行。父母在与孩子交流时，应该调整好自己的情绪，寻找孩子感兴趣的轻松话题，使孩子感受到与父母交流是一件十分愉快的事情。

**教子心得**

有的父母缺乏耐心，甚至将工作、生活中的焦躁带到与孩子的交流中，让孩子不知不觉地在情感上感受到一种压力，这是不利于与孩子之间的交流的。

# 和孩子像朋友一样对话

现实中有这样一种情况，有的父母看上去一整天都唠唠叨叨地在与孩子说话，可是孩子根本听不进去，父母于是气急败坏，抱怨孩子把自己的话当做耳旁风，开始对孩子进行训斥。可是这样的父母似乎没有意识到，一味地训斥孩子，孩子可能表面上服从父母的教育，但内心却很不赞同父母的教育方式，不仅会使父母在孩子心目中的形象大打折扣，甚至会让孩子产生严重的逆反心理。因此，在教育孩子时，父母要平心静气地说话，用有效的交流代替批评训斥，这样既不会损害孩子的自尊心，又不会破坏父母和孩子之间的关系。

崔涵是个7岁的孩子。一天，他正在玩积木，聚精会神地垒宝塔。妈妈见了，却叫他去学习。崔涵玩积木很专心，没有听见妈妈的话。

妈妈生气了，几步走到崔涵面前，伸手推倒崔涵费了很大精力才垒起的宝塔，大声呵斥道："我让你写作业，你没听见啊？"

崔涵被妈妈的举动吓了一跳，看到宝塔顷刻间倒塌，他十分伤心，狠狠地瞪了妈妈一眼，打开门跑了出去。

妈妈赶紧追出来问："你去哪里？"崔涵哭着说："你是个坏妈妈，我不要你了。"

不少父母都像事例中崔涵的妈妈一样，抱有这样的教育态度：孩子是我的，所以我有权利让他听我的，即使严厉训斥他也没有什么错。这是错误的教子理念，父母的权威和尊严不是靠训斥孩子树立起来的。

父母觉得只有在孩子面前保持自己的尊严，只有严令孩子，才能"镇住"孩子，孩子也才会听话。其实这是错误的，父母采用这样的方式只会疏远和孩子之间的关系。面对严肃的父母，孩子也不会敞开心扉进行沟通，家庭教育当然也就不会取得理想的效果了。

父母要学会尊重孩子，站在和孩子平等的地位上与孩子进行朋友似的谈话，即使孩子和自己的想法不一致，也不能一味地严令呵斥，将自己的意志强塞到孩子的头脑中，更不能按照自己的想法去塑造孩子的性格。

**· 不做专制的父母**

很多父母在教育孩子时，喜欢用训斥的语气，要求孩子做什么事时，更喜欢用命令的语气。他们只关注自己的权威地位，而不考虑孩子的内心感受。专制的父母希望孩子绝对服从自己，可这样就称不上沟通了，而是简单的统治和被统治的关系了。

刘婷是初二的学生，性格很内向。其实刘婷幼时是一个活泼开朗的孩子，只是在父母的专制教育下，她的开朗逐渐被内向、懦弱所取代了。

妈妈喜欢安排女儿如何做事，并且口气常常很强硬，刘婷一开口反抗，妈妈就开始居高临下地教育她。久而久之，刘婷也习惯了妈妈对她的专制式管理，变得畏畏缩缩。

孩子的心灵是脆弱而敏感的，父母用训斥的语气、以居高临下的姿态和孩子说话，只会挫伤孩子的自尊心。父母在教育孩子时，要平心静气、和言细语的。孩子做错事情的时候，父母要耐心地帮助孩子分析做错的原因，引导孩子走上正确的道路。专制教育之下的孩子，表面上会听从父母的命令，实质上会产生逆反心理，或是和父母对着干，或是形成懦弱的性格。

### · 父母要尊重孩子

青春期的孩子独立意识增强，渴望摆脱对父母的依赖，他们对世界的看法会和父母不一致，一旦不符合父母的想法，父母就会对孩子耳提面命。孩子的社会经验少，肯定会犯这样或那样的错误。父母若不能站在孩子的角度体谅和理解他们，而是一味地训斥他们，就会对孩子的身心造成极大的伤害。

孩子都希望得到父母的尊重，都想自己的努力得到父母的认可。所以，父母要尊重孩子的人格和所取得的进步，做好孩子的人生导师。

### · 把孩子当作朋友

父母在对孩子说话时要换种思维方式，把孩子当成自己的朋友来对待。父母很少会对周围的朋友采取训斥的态度，把孩子看成自己的朋友，有助于建立良好的亲子关系，促进孩子的健康成长。

父母总是把自己置于比孩子高的位置上，习惯于对孩子发号施

令，这样，孩子得不到尊重，就不愿意同父母做朋友。父母要尽量用商量的语气和孩子说话，和孩子做朋友，和孩子一起成长。

**· 用请求的语气让孩子帮忙**

很多父母有这样的体会，自己想要得到孩子的帮忙时，孩子会表现得不听话或是故意做错。其实这和父母对孩子说话时的语气有很大的关系。由于父母命令式的语气激起了孩子逆反的情绪，因此孩子不愿意服从。

孩子虽然年龄小，但他们也有自己独立的人格，也想得到父母的尊重，而不想父母把自己当成私有品，随意地呼来唤去。父母若尝试着用请求的语气和孩子说话，就会收到不一样的效果，沟通的障碍也自然会消除。

**教子心得**

**很多父母习惯了以批评、训斥的方式与孩子对话，甚至不分场合，这只会让孩子变得内向、胆小，害怕交流，对孩子的成长极为不利。**

# 告诉孩子你欣赏他

自尊和自信对于一个人的影响是不言而喻的：每个人都有自尊，并且都渴望得到别人的尊重。每个人都需要自信，自信是成功的催化剂。对于成长中的孩子而言，自尊和自信更是成长之路上必不可少的空气、阳光和雨露，而自尊与自信的获得，就需要父母的认可与欣赏。父母由衷地用欣赏的眼光看孩子，孩子会获得勇往直前的信心和战胜困难的勇气。

美国坦帕湾海盗队杰出的足球教练约翰·马凯在接受电视访问时，记者提到他儿子的运动天赋，问马凯教练是否以他儿子在足球场上的表现为荣，他的回答令人十分感动："是的，我很高兴小约翰上一季成绩不错，他表现得很好，我以他为荣。但是，即使他不会打球，我同样也会以他为荣。”

马凯教练的意思是，小约翰的足球天赋或许可以得到大家的认可和赞赏，但他个人的价值却跟他的球技无关。因此，如果他的儿子不会踢球，令人失望，仍不会失去他应有的尊严。小约翰在他父亲心目中的地位永远重要，并不受他在球场上表现好坏的影响。

真希望世上所有的孩子都像小约翰这样幸福，拥有一个真正懂得孩子价值的父亲。有的父母明知孩子并不是最聪明，也不是最优秀的，却这样对孩子说：“在我的心里，你是最聪明、最优秀的孩子！”用这样的话给孩子树立信心，值得赞赏。要知道，信心是激发人的潜能的催化剂，失去自信心的孩子是很难取得进步的。世界上每朵花都有属于自己的美丽，何必要难为孩子做别

人的复制品呢？不要将成功与孩子的智力联系在一起，因为成功并非都是源于聪明，自信和努力才是成功的关键。

作为父母，帮助孩子成长进步的最佳方法就是鼓励，并且一定要做到不失时机、持之以恒地进行鼓励。尤其对那些不太自信的孩子，告诉孩子：即使没有人欣赏你，你也要学会自己欣赏自己，相信你是最棒的！

很多孩子往往因自身的一些缺点对自己缺乏自信，不能正确地看待自己，对自己评价过低。所以，父母一定要在孩子小的时候教孩子学会欣赏自己、接纳自己，培养孩子的自信心。也许孩子的优点不多，值得骄傲的地方不多，但作为一个生命力旺盛的儿童，身上一定有值得珍惜、值得欣赏的地方，父母帮助他找到这些地方，便能帮助他树立莫大的自信心。

### · 欣赏孩子的容貌

对容貌的欣赏是最直接的欣赏，因为容貌是外在的东西，直观可见，对容貌的欣赏最容易做到。给孩子准备一面镜子，鼓励他每天在镜子前照一照，然后发现自己的优点和可爱之处。比如，大大的眼睛、高高的鼻梁、白净的皮肤、小巧的嘴巴。也许你的孩子并不漂亮，但他也会有许多值得欣赏的地方，比如眼睛很小但很有神，皮肤较黑但很健康，鼻梁不高但很秀气等。另一方面，不一定只欣赏优点，因为每个人都不可能十全十美，只有正视自己不完美和缺陷的人，才能接纳自己，才会真正地建立自信。

父母要善于启发孩子通过不同的手段，绘出自己的形象。比如，在地板上铺一张大一点的纸，让孩子躺在上面，请父母帮忙描出自己的轮廓，然后自己进行剪贴；也可以让孩子画自画像，使孩子进一步了解自己的外貌和身材。

**· 欣赏孩子的长处**

每个人都有自己的长处，在孩子小的时候，教孩子欣赏自己的长处，能促进孩子发挥长处，也可以使孩子时时保持自信。无论孩子聪明与否，一定有自己的优势，要让孩子清楚地了解自己的所长，并引导孩子善于发挥自己的长处。比如，你的孩子很内向，不爱讲话，在一群孩子中很少引起别人注意，但他很细心，做事认真，观察力很强，看动画片的时候，总是能注意到一些细节问题。

父母要肯定孩子的优点，鼓励孩子发扬这个优点。比如告诉孩子，你很仔细，能观察到很多细节，这是很好的优点，父母为你高兴，如果你能经常把自己看到的东西说出来就更好了。这样，你的孩子就会认识到自己的优点，并加以欣赏。比如，你家住在一个很大的房子里，条件不错，你要教孩子欣赏房子的宽敞、明亮，使他懂得自己生活在这样的环境中很幸福。如果你居住条件较差，也要引导孩子发现房子的优点。比如，房子很小但光线很足；或者房子虽然光线不好，但很凉爽，你们一家人住在里面很开心等。让孩子从小就学会适应环境，不自傲也不自卑，在快乐中成长。

**· 欣赏孩子的才能**

有的孩子学习成绩很好，有的孩子喜欢并且擅长弹钢琴、跳舞、绘画等，有的孩子虽学习成绩不突出，也没有什么特殊的兴趣爱好，但乐观开朗、乐于助人，这些都是孩子不可忽视的优点，父母要善于观察、善于发现，及时对孩子予以肯定。

**教子心得**

**作为父母，帮助孩子成长进步的最佳方法就是鼓励，并且一定要做到不失时机、持之以恒。**

# 夸奖孩子要合情合理

对孩子不能不夸，但也不能盲目地夸。父母鼓励孩子的目的在于让孩子能够正确地认识自己，接纳自己。孩子的自信是建立在成就感的基础之上的，并不是建立在空洞的表扬之上。所以父母不需要过度地表扬孩子，否则会让孩子依赖表扬，产生自大或者自卑的心理或情绪。表扬不仅要适度，更要合情合理。

一个8岁男孩的妈妈找到儿童心理专家咨询：“孩子每做一件事情都要得到我的表扬，如果我没有表扬他，他就会大发雷霆。这是为什么呀？”

心理专家问她：“是不是你对他表扬太多的缘故？”她说：

“是的，以前我批评得多，后来我发现这样不好，为了让他建立自信，对他的表扬就比较多了。现在他时刻关注我的情绪，如果我高兴，他就开心；如果我的情绪不太好，他就会暴躁。”

心理专家对这位妈妈说：“这说明孩子不能正确认识和评价自己，他的情绪都建立在你的情绪的基础上。他的内心不自信，所以他需要获得你的表扬来证实自己。你以前批评多，后来表扬多，两者都不对，走了两个极端。”

这位妈妈问：“那我该怎么办呢？”心理专家说：“你要减少对孩子的评价，更不要对孩子进行主观评价。外界的评价尤其是不客观的评价过多，孩子将会失去自我评价的能力。你的孩子就在逐渐失去自我评价的能力，所以他必须要你表扬他，才能证明自己。”

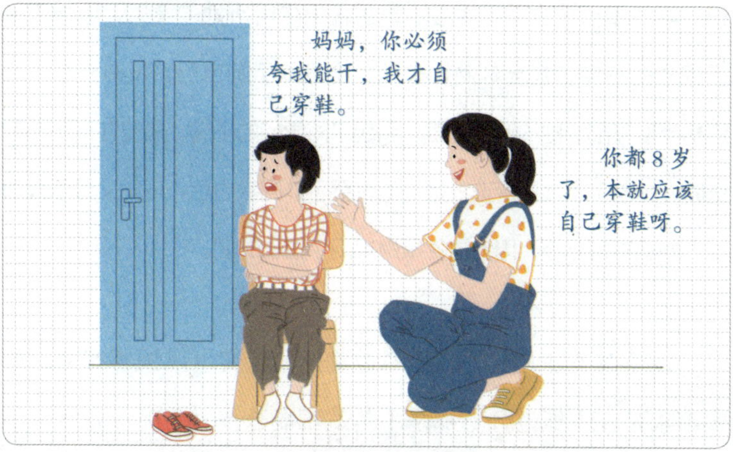

虽然夸奖孩子能够增强孩子的自信心，但任何事情都是过犹不及。有些孩子，老师越是夸奖，父母越是宠爱，他们就会越发地骄傲自大，目空一切。这样的孩子极有可能会遭到别人的嫉妒、疏远、仇视、孤立。这不利于孩子的心理健康，他们很有可能会在学习和生活中形成一种不健康的认知体系和心理模式。

兰心今年上小学五年级了，她长得非常漂亮，学习成绩也不错，成绩总是名列前茅，不仅如此，兰心还能歌善舞，综合素质的发展比较全面，在学校中是个受欢迎的孩子。学校领导很重视她，班主任老师更是将她视为班级中的骨干。在家中，兰心是爸爸妈妈的掌上明珠。

但是兰心并没有像父母老师所期望的那样越来越优秀，反而变得自负起来，和同学之间的矛盾也越来越多。在这个学期开学之初，学校重新成立了班委会，班主任很想听听她的意见，她挨个说了同学的缺点，甚至刻薄地表示，全班除了她自己，没有一个人有资格当班干部。她的这种态度，引起了同学们的不满，最终在班干部竞选时，她差了十几票落选。她当时就哭了，回家之后，任凭父母怎么劝说，她都不肯吃饭，因为这件事她郁闷了很长时间。

表扬孩子是必要的，只不过赞扬和夸奖也应该要有度，要实事求是，不能过分。那是不是就不能夸孩子了呢？当然也不是，夸孩子是给孩子积极的回应，孩子需要父母的认可、肯定和鼓励，并且通过父母给他的积极回应来认识自己。那么，要怎么“积极回应”呢？

**· 不能将“夸奖”当成孩子前进的动力**

这就要求父母观察孩子做事情的动力，是为了获得夸奖，还是发自内心？另外，夸奖孩子一定要在事后，而不要在事前，很多父母都喜欢用夸奖的方式去引诱孩子做某些他们不愿意做的事情。比如说孩子不太愿意画画，妈妈说：“妈妈觉得你的画画得很好，来给妈妈画一张吧。”父母这样的方式影响了孩子的精神自由，孩子能够感觉到，父母试图在左右他。

而孩子事前需要的是鼓励，而不是夸奖。

明明刚开始学习轮滑的时候，掌握不了平衡，摔倒过很多次。有一次他气坏了，哭着说：“我不要这双轮滑鞋了，我怎么老是摔倒呢！”妈妈很平和地对他说：“学习轮滑是一件比较困难的事情，很难掌握平衡。但是我相信，你多加练习，总有一天是可以学会的。”在妈妈的鼓励之下，明明不断地跌倒，然后又不断地爬起来，不到一个星期就学会了。

**· 要让孩子感受到父母的真心实意**

要让孩子感受到夸奖、赞赏是真心实意的，而不是虚假、敷衍的，这一点很重要。夸奖、赞赏应该是真实的、客观的，既不能夸大也不能缩小。比如说明明在学轮滑的时候摔倒了，如果他的妈妈还鼓励他说“你滑得挺好的”，这样名不副实的夸奖只会让他觉得妈妈的话是虚假的，不值得信赖的。

**· 夸奖要有针对性**

夸奖必须是具体的，要用平实的语言来描述孩子做得好的事情，不要用“你真棒”“你真聪明”这样空泛的语言来夸奖孩子。当孩子能够独立地做好一件事情时，父母能给予他充分的肯定与具体的夸奖，他的成就感足以让他获得最大的满足，他的内心也将充满着喜悦与自信。

**教子心得**

对孩子的夸奖是一种教育的艺术，夸奖得不够、夸奖得过多，都会对孩子的内心产生不良影响。

# 用耐心换取孩子的信任

孩子在心理上对父母有很强的依赖感，孩子希望父母能够倾听自己的心声，分担自己的喜怒哀乐，然后从父母那里得到情感上的安慰。但有的父母可能因为工作忙或是自己也有烦心事，往往没有耐心听孩子把话说完，常常会在孩子倾诉的时候随意打断孩子。

时间一长，孩子就会对父母的态度失望，从而封闭自己的内心世界，不和父母沟通。孩子的消极情绪得不到合理的宣泄，积累到一定程度就会变成一种对抗情绪，既不利于孩子的心理健康，又不利于构建融洽的亲子关系。

阳阳出生在一个普通的知识分子家庭，从小爱撒娇，对周围的事物特别敏感，自尊心很强，一旦被人奚落，马上就会哭鼻子。在学校一挨老师的批评，就难过得受不了。阳阳上小学二年级时，一天放学回来，往沙发上一靠，噘着小嘴，看起了电视。妈妈问："阳阳，你看电视，作业做了没有？"阳阳大声嚷道："我不想做。"一副很生气的样子。妈妈心想：这是什么态度？怎能这样对妈妈说话，我是关心你……妈妈刚想发火，马上又想到了倾听的重要性，于是控制住了情绪，和蔼地对儿子说："你现在不想做作业，能跟我说说是为什么吗？"

阳阳抬起头看着妈妈说："我们的数学老师真狠，昨天的练习给我打60分，今天还在班上批评了我。"

妈妈本想说："怎么只得了60分，你的数学一向都不错啊！到底是怎么回事呢？"但是妈妈忍住了，说："老师真的只给你60分吗？"

“是啊！老师说我的作业太马虎、太乱，他看得头痛。其实我的答案都是正确的。”阳阳一边说，一边又把目光移向电视画面，“数学老师实在有点懒。”阳阳接着说。妈妈想要训斥孩子，但还是忍住了。她说：“这次你如果把作业写得工整一点，老师可能还会在班上表扬你呢！”阳阳说：“嗯，贝贝这次就被表扬了，我以后还是要将作业写得工整一点才对，我也会被表扬的！”

妈妈在阳阳表现异常时，没有着急发火，而是循循善诱地引导孩子说出事情的原委，分析出问题的症结所在。这不仅让孩子郁闷的情绪在倾诉中得到了发泄，而且让孩子在不知不觉中找到了解决问题的办法，可谓是一举两得。

艾云今年上初一了，在小学各方面都很出色的她，上了初中后觉得自己只不过是很普通的学生。她的学习成绩一般，各项能力也不突出，在班委的竞选中还落选了。为此，她心里很痛苦。

回到家后，艾云想和妈妈说说自己的苦闷，可是妈妈却说自己很忙，没时间听她说。吃过饭，她还是想和妈妈谈一谈，这一次，妈妈坐了下来听她诉说。可是刚听了几句话，妈妈就立即打断她，开始火冒三丈，还质问她成绩怎么会下降，根本就不给她说完话的机会。

事例中艾云的妈妈和之前阳阳的妈妈相比，在耐心倾听方面显然差距很大，这导致孩子不仅没有通过与父母倾诉和交流纾解内心的烦闷，反而因为父母的指责又多了新的焦虑与烦闷，不仅问题没有得到解决，反而制造了新的问题。

由此可见，父母与孩子沟通时，要充满耐心，在听孩子倾诉事情时，一定要让孩子把要表达的内容表达完。等孩子把话说完，你就会更清楚孩子的心态。因此，父母必须做到下面几点：

- **长期坚持倾听**

倾听孩子说话是一个漫长的过程。从孩子降临时的啼哭开始，一直到他们长大成人，都要倾听孩子的话。在这漫长的过程中，孩子会从依赖父母发展到信任父母，而孩子只有与父母形成信赖与亲密的关系，才能让融洽的亲子关系长久地保持下去。

### · 坚持让孩子把话说完

倾听时，孩子有些话难免会让父母生气，这时父母一定要克制住自己，坚持让孩子把话说完。只有这样，父母才能全面地了解孩子，了解事情的来龙去脉，才能帮助孩子面对问题，解决问题。

### · 耐心地对待孩子的话题

当一个孩子在父母面前反复说同一个话题时，父母不要因为孩子的重复而表现出不耐烦，应该进一步地倾听，因为很有可能是孩子的某个基本需求没有得到满足，他正在反复强调。孩子的话题有时父母会觉得幼稚，不感兴趣，或者会觉得这根本不算什么问题。可是同一件事，在心理发育尚未完全的孩子眼中和在心理发育成熟的父母眼中可能是完全不同的，父母应该用孩子的眼光和思维去理解问题，而不是用自己的想法去理解问题。

**· 不要打断孩子的话**

孩子正在绘声绘色地向你讲述时，即使你很忙，也要坚持听完他的话。这会让孩子感觉到你对他的尊重，孩子以后才会更愿意对你倾诉，切不可草率打断他或匆匆离去。否则，你事后再问他时，效果就不一样了。

**· 控制自己说话的音量**

在倾听的过程当中，孩子就一个问题三番五次地坚持自己的观点，难免会引起父母情绪的改变。这时父母要尽量控制自己说话的音量，心平气和地继续倾听和引导。

**教子心得**

耐心对待孩子，耐心倾听孩子的声音，你会发现自己越来越了解孩子，孩子对自己也越来越信赖，亲子间也会无话不谈。

## 家教情景漫画

“说说我的心里话”主题会议正式开始！
当然啦，随心所欲。
爸爸，真的什么话都可以说吗？
那我可说啦，我觉得妈妈总是凶我，我一点都不高兴……
我以后一定注意自己对晶晶的态度，不过晶晶也要按时做作业，不许等妈妈催促。

06

第六章

# 父母的远见：让孩子像花儿一样绽放

扫码体验音频讲读

# 让孩子具有责任感

责任感是一个人重要的品质，体现着一个人的心理特征和人格特征。同时，责任感也是一个人安身立命的基础，对于个人日后立足于社会、获得事业上的成功以及家庭幸福都有巨大的帮助。人只有具备了责任感，才能具有驱动自己一生都勇往直前的不竭动力，才能感到有许许多多有意义的事情要自己去做，才能感受到自我存在的价值和意义，才能真正得到人们的信赖和尊重。因此，父母应当从小培养孩子的责任心，建立孩子的责任感。

玲玲今年已经读小学五年级了，可是却还像小孩子一样，凡事都要父母再三叮咛，否则就不会主动做好。例如早上，一定要让父母多次喊叫才会起床；衣服不替她准备好，她就不知道该穿哪一件；早饭，父母不催促就吃得很慢，以致上学迟到；文具经常忘在家里，还要麻烦父母送到学校。最让父母生气的是，她做事没有责任感，不是经常说忘了，就是虎头蛇尾。每次父母批评她，她都敷衍、接受，但事情过后，又故态复作，父母为此整天抱怨，却没有办法。

班主任赵老师为了鼓励玲玲，让玲玲当了小组的组长，负责值日时的卫生和平常小组人员的纪律管理。谁知，没过几天，玲玲就被小组全体组员“弹劾”了，原来，玲玲每到值日那天，总忘记安排分工任务，结果，竟然连黑板都没有擦。还有一次，组里的调皮大王去揪前排女生的辫子，玲玲虽然看见了，却什么也没说，气得女生大哭起来。组员们一致认为，玲玲没有尽到小组长的责任，要求重选小组长。玲玲看到同学们这样批评自己，急得哭了。一边哭一边委屈地说：“我真不知应该怎么做呀！”

玲玲的例子反映了她具有依赖心，没有责任感，这种现象在现实中经常可以看到。很多父母埋怨现在的孩子依赖心理特别强，而应变能力及处事能力特别弱，不仅无法替父母分担许多事情，即使连日常生活如起床、上学、做功课等，都要父母的催促督导，否则就会拖延、偷懒。

事实上，孩子做事没有责任感，主要是父母没有给孩子担负责任的机会，没有让他们去承担不负责任的后果。例如孩子早上因赖床而上学迟到，那么他们就应当承担被老师责罚的后果，而不能将责任推卸给父母。当然，在此之前，父母必须先教孩子如何主动早起，并给他们一段学习与适应的时间。

例如给孩子一个闹钟，并教他如何使用，然后告诉他主动早起的原因及必要性。或是和孩子约定，父母固定在几点钟时叫醒他，如果他不愿意立即起床，父母将不会再继续催促他，后果将由他自己负责。为了帮助孩子顺利养成主动早起的习惯，父母可在晚上提醒孩子早点睡。

同样，孩子因早餐吃得太慢而迟到，主要是孩子缺乏时间观念，因此父母应当先教孩子如何分配及运用时间。在适应阶段，父母可以协助孩子订立时间计划表，并提醒孩子是否动作太慢，是否超过了预定的时间。等过一段时间，父母就无须再督促孩子。

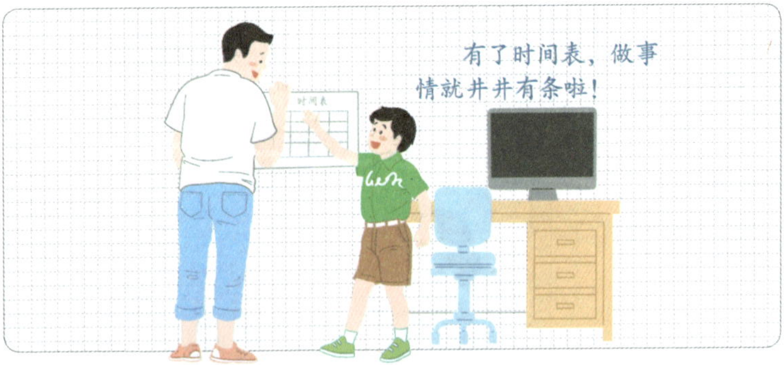


至于孩子忘了带文具去学校这类事，父母不妨指导孩子在桌前准备活动式的记事栏，每天放学后用彩色笔在上面登记明日要携带的文具，第二天上学前再检查一遍，养成习惯后自然就不会忘了。

培养孩子的责任心，可以训练孩子从养成良好的生活习惯做起，具体可从以下方面做：

### · 有意识地交给孩子一些任务

随着孩子年龄的增长，爸爸妈妈要逐步教孩子自己的事情自己做。做之前提出要求，鼓励孩子认真完成。如果孩子遇到困难，父母可在语言上给予指导，但是一定不要包办代替，让孩子有机会把事情独立做完。

### · 鼓励孩子做事情要有始有终

孩子做事的随意性很强，做事总是虎头蛇尾或有头无尾。所以交给孩子做的事情，哪怕是很小的事情，爸爸妈妈也要检查、督促以及对结果进行评价，以便培养孩子持之以恒、认真负责的好习惯。

**· 增强孩子的家庭责任感**

可适当地让孩子了解一些父母的忧虑和难处，提出一些问题，引导孩子独立思考和选择，大胆发表自己的见解。

**· 鼓励孩子勇敢地承担责任**

要让孩子从小就知道，有些责任是需要自己去承担的。例如，孩子跟着爸爸妈妈在朋友家做客，不小心损坏了物品。这时应该让孩子知道，是由于自己的过错，才造成了这种后果，应当给予赔偿。之后一定要带孩子一起买东西去朋友家道歉。

**教子心得**

**每一位父母都是爱子女的，但是在慈爱的态度下，还必须有坚决的行动相配合，才能使教养的方法落实于生活中。**

# 让孩子学会待客之道

待人接物是一门高深的学问，主客之间的礼仪是其中很重要的内容。主客双方都应遵守规则，一旦一方未按规矩办事，另一方便会觉得对方不懂礼数，甚至感觉受到了侮辱。主客矛盾出现，双方常常会不欢而散。因此，父母应该从小就培养孩子学会待客之道。

晚上，妈妈请小莉来做客，教黄达数学。黄达不情愿，马上说：“我不用你教，我不学。”小莉说：“你怎么态度这么不好？我是好心来帮助你。”黄达说：“你的好心我不需要。”小莉生气地说：“黄达，我可是到你家做客来了，你怎么这么凶啊，我可不敢招惹你了。”说完就转身走了。

黄达气呼呼地说：“妈，我又没说什么，看她气成那样。”妈妈说：“看来是我太惯你了，你刚才很不礼貌，把小莉都气走了，一点也不像主人的样子。”

像事例中黄达这样的孩子在生活中并不少见。很多孩子在客人来到家中时，不能够以合理的待客之道来对待客人，这样的孩子总是让父母苦恼不已。

如何待客是反映孩子内心世界的一面镜子，父母应该给予重视，切莫以为这只是大人的事情。家里来了客人，孩子会产生各种表现。有的孩子见了陌生的客人，站在角落里，不声不响，默默地注视着客人的举动，即使客人跟他讲话，他也是笑而不答，或表现得相当紧张。有的甚至躲进房间，不肯出来见客人，显得胆小、拘谨，对客人态度冷漠。有的孩子则相反，看到家里来了客人，便拼命地表现自己，一会儿要喝水，一会儿要吃东西，一会儿翻抽屉，甚至为了一点小事大哭大闹，显得不懂礼貌，不能克制自己，以“人来疯”的方式引起客人对自己的关注，表示自己的存在。还有的孩子在家里来客人时，能主动打招呼，拿出糖果招待客人，表现得热情而有礼貌。

孩子在家中来客时的种种表现虽然和他们的个性、心理有关，但也和父母平时对孩子的教育有关。来客时表现不佳的孩子，父母往往缺乏对他们在这方面的培养和训练，在接待客人时，忽视了孩子在家中的地位。那些在家中来客时表现较好的孩子，父母往往比较重视在这方面的培养，比如让孩子和父母一起接待客人，孩子逐渐地消除了对陌生人的紧张心理，学会了一些待人接物的方法，表现得落落大方。由此可见，让孩子共同参与接待客人的活动至少有以下几个好处：

（1）有利于培养孩子的主人翁感。孩子在参与接待客人的过程中，体会到自己和客人的地位不同，自然会产生一种自豪感和责任感，他会比平时小心十分，殷勤百倍。

（2）有利于培养孩子礼貌待人的好习惯。要接待好客人，让客人满意，孩子就必须在语言、行为上都讲究礼貌，接待客人实质上是给孩子提供了礼貌待人的练习机会。

（3）能使孩子学到一些待人接物的方法。

最初，孩子是不会接待客人的，这就需要父母的帮助和引导。怎样培养孩子接待客人的能力呢？

**· 让孩子做好心理准备**

在客人尚未到来之前，父母应告诉孩子，什么时间，谁要来。假如客人是第一次上门，还要告诉孩子，客人与父母、与孩子的关系，该如何称呼，使孩子在心理上做好接待客人的准备。

**· 共同做准备工作**

父母可以和孩子一起做接待客人的准备工作，如打扫房间，采购食物等，和孩子共同创造欢迎客人的气氛。

**· 指点孩子接待客人**

父母除了自己热情招待客人之外，还要指点孩子接待客人，让孩子感到自己是家中的小主人。例如，客人来了，父母要指点孩子招呼他们，请客人坐，请客人吃糖果。还可以让孩子把自己的玩具拿出来给小客人玩，把自己的相册拿给大家看。

**· 大方与客人交谈、展示才艺**

父母应鼓励孩子大方地回答客人的问题，提醒孩子在客人讲话时不随便插嘴。如果孩子在某一方面有特长，可以提议让孩子为客人展示，以制造一种轻松、愉快、热烈的气氛。

**· 根据孩子的特点提要求**

在让孩子学习接待客人时，要注意根据孩子的特点对孩子提出要求，不要强求孩子做不愿意做的事。例如，对待胆小怕事的孩子，要求简单些，可以让孩子与客人见见面就行，以后再逐步引导，提高要求。对于“人来疯”的孩子，父母应先让他离开大家一会儿，等其冷静下来后，再让他和大家在一起。切忌在客人面前大声训斥和指责孩子，以免伤害孩子的自尊心。

**· 评价孩子在客人面前的表现**

客人走后，要及时评价孩子的表现，肯定好的地方，指出不足的地方，并要求孩子今后改正。

**教子心得**

**培养孩子有礼貌，有效的手段在于平日里父母的态度是否做到尊重、平等、有礼，通过以身作则的方式来影响孩子。**

# 让孩子拥有抗挫力

坚强是面对困难时不屈不挠、能够勇敢克服的宝贵品质。现在的孩子从小沐浴万千宠爱，没有经历过什么风雨，遇到一点小小的挫折便受不了，甚至连在课堂上做题比别人慢一点都觉得受了莫大的侮辱，会当场声泪俱下。一个不能坚强地迎接困难和挑战的人难以在未来的社会中取得生存和发展的空间。现代社会为坚强勇敢的人提供了前所未有的发展空间，但是对于性格脆弱的人来说，社会便会成为他们的坟墓。父母不应该成为孩子的保护伞，而要让他们在自然的环境中成长，勇敢地面对挫折，跌倒了自己再站起来，自己查找原因，避免下次再跌倒。只有坚强的人才能在未来的社会中有所发展，取得成功。

小学四年级的顾凯虽然生性活泼热情，对什么事情都想试试，可他从小就有个毛病，一遇到困难就灰心丧气，失去继续探索的信心。

在他4岁时，折了一个纸飞机，可老是飞不起来，他气得把纸飞机扔在地上，用脚踩坏，从此再也不折纸飞机了。

一年级时，爸爸教他学游泳，可他到现在还没学会，原来，有一次他呛了几口水，难过了好几天，从此他再也不学游泳了。

在学习上也是这样，顾凯一遇到难题就退缩了，不会做的题目从来不动脑筋思考，而是等着第二天去抄同学的。

在生活中，困难和挫折是不可避免的，像上面例子中的顾凯

一样，一些孩子沮丧、气馁是由于他们做不成喜欢做的事，在挫折面前产生了畏惧心理，丧失了克服困难的信心。

古人云："人生不如意事十之八九。"就现在的孩子来说，他们可能遇到的挫折包括学习、兴趣爱好、自尊和人际关系等方面。例如，在学习上，成绩不理想，没能上理想的学校；在兴趣和爱好上，自己的兴趣和爱好与父母的意见冲突，自己的才华和个性得不到施展；在自尊上，自己常常得不到老师和同学的信任，经常受到轻视和忍受委屈，没有被评上"优秀学生"，没有当选为班干部；在人际关系方面，结交不到与自己讲知心话的朋友等。孩子遇到挫折并非坏事，但陷于挫折而不能自拔，则势必对孩子的身心健康造成消极影响。

心理学家认为，丧失信心的理由有千万条，但根本原因只有

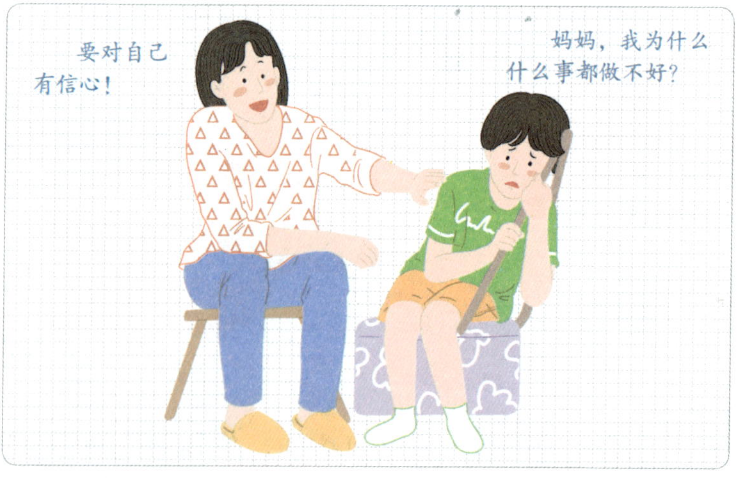

一条，那就是学不会、做不好。一旦做不好，信心就会丧失，倦怠、懒惰的情绪也随之产生，造成学不会一没信心一没兴趣一学不会的恶性循环。

生活中类似于顾凯这样的孩子有很多。其实，每个孩子在成长过程中都会遇到这样或那样的困难和挫折，有些孩子会迎难而上，但有些孩子就会一蹶不振，为什么会有不同的表现呢？就是因为面对挫折时，有的孩子抗压能力强，能够在挫折面前鼓起勇气，勇往直前；而有的孩子抗压能力弱，一旦遇到挫折，便会丧失勇气，一蹶不振。作为父母，在孩子面对挫折时，既不能袖手旁观，更不能批评训斥，而是要及时予以孩子指导和帮助，教会孩子调整心态、分析问题、解决问题、增强信心，教会孩子正确面对挫折。

那么，父母如何培养孩子的耐挫能力呢？

### · 教育孩子正确认识和对待挫折

从心理学角度分析，孩子在成长过程中适当经受一些挫折是有益的。挫折能锻炼孩子解决问题的能力和增强孩子的韧性。一旦孩子在生活和学习中遇到这样或那样的挫折，父母应接纳孩子的倾诉和宣泄，让他们说出心中的委屈和痛苦，通过释放达到心理平衡。

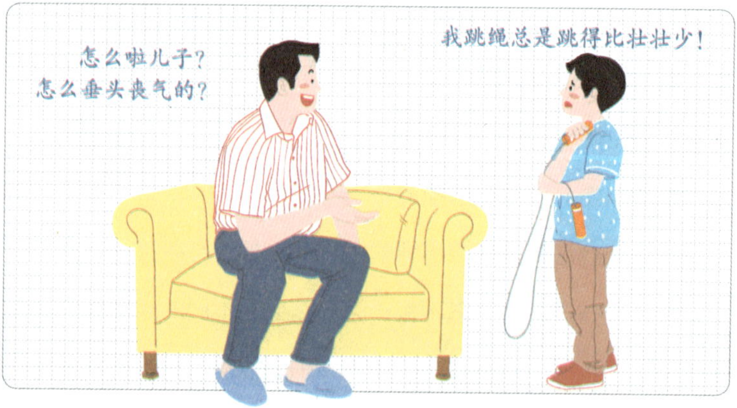


**· 知己知彼，正确抉择**

父母应当帮助孩子正确地规划自己的人生道路。所谓知己，即帮助孩子正确认识自己，明白自己希望将来成为什么样的人，未来的人生道路可能会在哪些方面受挫等。所谓知彼，即帮助孩子认识社会，如现实生活中尚存在哪些不尽如人意或不完善的方面等，让孩子懂得做事要向最高目标努力，但须做好承受最坏结果的思想准备。

**· 对孩子的期待要合理**

父母不能重知轻德，不一定非要强迫孩子达到他力所不能及的目的，对孩子的期望要合理，这才是引导孩子走上身心健康的正确之路。有的父母对孩子的期待过高，总是拿自己家的孩子和别人的家的孩子相比较，甚至专盯着别的孩子的优点，用自己家孩子的缺点去进行对比，进而对孩子表现出不满，这时孩子就会生活在一种不能达到父母满意的挫折心态中。

**教子心得**

禁不起风吹雨打的小树苗，是永远也长不成参天大树的。父母要做的，是要教会孩子怎样迎接风雨，而不是把孩子挪进温室。

# 为孩子营造艺术氛围

毕加索曾说过："每个孩子都是艺术家。"因为艺术活动与幼儿的天性浑然一体。良好的艺术修养是孩子个人素质的重要体现，是孩子享用一生的财富，然而艺术修养不是天生的，而是需要在艺术欣赏和艺术环境中培养和锻炼的。

培养孩子的艺术性，不仅对孩子气质的培养和素质的提升大有益处，而且还会让孩子走入集体，学会与人沟通合作，并在艺术的培育下善于思考、表达，增加勇气、自信。一个有艺术修养的人，不管担当什么工作，都会更富有美感和趣味，更易展现个性，更潇洒从容。

歌德的父亲从小就精心培养他。为了使他能够欣赏美，就经常带他到城里参观建筑物，一边参观，一边讲述相关历史，以便同时培养他对历史的爱好。父亲还给他讲自己游历过的各地方的风土人情，以培养歌德对地理的爱好。当歌德四岁半的时候，祖母就送给他木偶剧模型，以培养他对戏剧的兴趣。歌德的母亲差不多每天都给他讲故事，歌德从小就学许多种外语，除德语外，他对法语、意大利语、拉丁语和希腊语也都很精通。他还学习自然科学、美术、音乐。歌德钢琴弹得很好，还吹得一口好笛子。

从歌德身上我们可以看出，他的家人为他营造了一个艺术天地，让他能够从小就受到艺术的熏陶，这对他以后成为一名伟大的诗人有着重要影响。

日本著名教育家铃木镇一认为，一些孩子的“音痴症”并不是遗传造成的，而是由环境造成的，并认为想了解父母，只要看看他们孩子就知道了。孩子是父母的一面镜子，反映着父母的思想与能力水平。父母是孩子的第一环境，家庭是孩子的第二环境，大自然是孩子的第三环境。假如父母的艺术情趣比较高尚，那么孩子生活的第一环境就会是充满艺术情趣的小天地，第一环境是孩子产生兴趣的关键所在。而家庭关系和家庭环境构成的第二环境将为推动兴趣的发展提供重要的客观条件。第二环境为孩子成才、走上什么样的道路、具有什么样的理想、做什么样的人，造成最初的意识环境。如果第三环境充满着天地的灵气、山水的秀媚，无形中会给孩子的心灵提供广阔的艺术想象条件，为铸造艺术的纯真、陶冶艺术情感打下质朴而又深厚的基础。

艺术的美、大自然的美、生活的美……对孩子具有迷人的魅

力，会吸引着孩子，促使孩子满足，并会使他们追求生命中美好的一切，使孩子兴奋、愉快。

许多父母认为为孩子营造艺术氛围，便是在家里摆架钢琴，墙上挂上小提琴，支起画架或乐谱架，每天不停地督促孩子学琴、练画。实际上，这是一种浅层次的艺术活动追求。

为孩子营造艺术氛围，是通过美的环境，给孩子一个美的心境、美的理想、美的感受与美的追求。也许，这个孩子将来不会成为音乐家或画家，但他长大后却是一个具有较高层次审美情趣的人。谁能说这与懂得“人类之美”没有关系呢？

### · 让孩子自发地爱上艺术

父母想培养孩子某个方面的艺术才能时，不要过于性急。过于性急的父母急于训练孩子，将会打乱孩子兴趣爱好的临界期，使孩子永远地失去发展某种能力的可能。父母急于求成的结果会使孩子逃避超负荷的训练，因为繁重的、强迫的刺激将使孩子产生厌恶情绪。

### · 尽量为孩子创造机会

父母应该尽量抓住机会，不失时机地给孩子以艺术的指引，这一点非常重要。

孩子一岁的时候就可以握笔涂鸦了，将笔和纸交给孩子，特别是把颜色鲜艳的笔交给孩子，这不仅可以使孩子画画的欲望得到满足，同时能够刺激孩子视觉的发育，让孩子在启蒙阶段就对颜色、艺术、美有所感知。

**· 让孩子体验进步的乐趣**

父母切忌嘲笑孩子的努力。在培养孩子的“艺术细胞”时，要随时保护孩子的积极性。对孩子的哪怕是一点微小的进步，也要给予高度的赞赏。即使是孩子提出大人不屑一顾的问题，父母也要表示关心，承认孩子所付出的努力。在培养孩子艺术才能的过程中，父母的作用十分重要。对于父母来说，最重要的是：学会理解与尊重孩子，站在孩子的立场上发挥父母的作用。

**· 追求高雅艺术熏陶**

或许我们没有时间、没有金钱带孩子去欣赏高雅的音乐会，但是我们可以带孩子去郊游踏青，为孩子下载高雅的音乐，用手机拍下初升的太阳、落日的余晖、明净的天空、蓝蓝的大海，这些都会给孩子以美的享受，无不是在为孩子营造一种艺术环境。

**教子心得**

艺术教育对于唤醒、塑造孩子的美感具有重要意义，每个孩子的内心深处都有一种审美潜能，父母要做的，就是将这种潜能唤醒。

# 让孩子学会独立思考

现实生活中，父母经常会做的事情就是帮助孩子去思考和做决定。因为父母总认为孩子还小，不具备独立思考的能力。这样一来，就在不知不觉中扼杀了孩子独立思考的习惯与能力，导致孩子只知道听从父母的意见，缺乏自主性。

**· 独立思考的孩子更有主见**

只有能够独立思考的孩子，才会拥有更强的主观能动性，不随波逐流。只有善于独立思考的孩子，才能拥有更具独创性、新颖性的思维与见解，让自己更有主见。

《孩子说出的出人意料的东西》是黑人笑星比尔主持的一档电视节目。一天，比尔问一个7岁的女孩："你长大后的理想是什么？"女孩说："我要当总统！"全场观众很吃惊。比尔又问："那你觉得为什么美国从来没有过女总统呢？"女孩说："因为男人都没有投票选她。"这句话逗笑了全场的人。比尔又问："你肯定是这个原因吗？"女孩肯定地点了点头。

比尔笑了笑，对观众说："愿意给这个小女孩投票的人把手举起来！"随着笑声，一些男人举起了手。比尔说："有很多男人给你投票啊！"女孩说："三分之一都不到！"比尔换了一个方式拉选票："请所有在场的男士都把手举起来。"大家都把手举起来了。比尔接着说："请不投票的男士把手放下。"比尔这招取得了不错的效果，很多已经举起手的人不好意思再把手放下。于是，女

孩得到的票数比之前多了一倍。

比尔说："小姑娘，这下你满意了吗？"女孩笑了说："他们心里是不愿意投票的。"全场一片寂静，接着响起一片掌声。

显然，事例中的这个小女孩具备独立思考的能力，并不会被别人的思维牵着走。她有自己的思想，自己的决定。这样类型的孩子往往会充满自信，会把"我能行"挂在嘴边。这充分表现了孩子的自信，这样的孩子也会比较主动地做事情。

如果一个孩子不能独立思考，就不能学会独立，很小的挫折和变化都会让他无所适从，很难适应新的环境。对于孩子来说，具备独立思考的能力、严谨的思维，可以增加自己独特的魅力，这样的孩子更容易受到大家的欢迎。

那么，怎样培养孩子的独立思考能力呢？

**· 激发孩子的求知欲**

小路4岁的时候，爸爸定制了一个大鱼缸放在家门口。一天午后，当太阳斜照的时候，小路很高兴地走向鱼缸。忽然，小路看到了一条彩虹倒映在地上，她兴奋地对爸爸说："爸爸，那儿很亮！"小路好奇的是这种现象是怎么发生的呢。爸爸也很好奇地问："真的呢，不知道彩虹是从哪里来的？"小路思考了半天，说："是太阳公公照的！"爸爸问小路是怎么知道的，小路说："太阳照在水面上，然后又照在了地上呗。”虽然小路不知道反射的原理，但是小路通过思考，充分开动了脑筋，这能够增强她日后的学习能力。

每个孩子都爱好科学，对周围的世界充满了好奇。父母不需要教给孩子过多的术语，只要在孩子有疑问的时候和他一起探究就可以了。父母不要老是低估孩子的能力，其实孩子是很爱思考的，他们的小脑瓜中经常会冒出许多问题。

有些孩子总喜欢问父母问题，孩子的好奇心就表现在这里。

可有些父母时常会对孩子的问题有不耐烦的表现，没有认真地对待孩子的问题。而那些明智的父母则会利用孩子的求知欲和好奇心，发掘孩子独立思考、独自做出选择的潜能。

在目前的家庭教育中，孩子的好奇心很容易就被父母在无意中扼杀了，孩子的创造性思维的形成也会直接受到影响。因此，当孩子提出各种问题的时候，在孩子独立思考的基础上，父母要对孩子的行为表示肯定。这一方面可以满足孩子的求知欲，另一方面也可以激发孩子的求知欲。

### ·创造一个思考的氛围

创造一个思考的氛围对孩子形成独特的个性，表现有创新意识的思维、举动很重要。父母不能因为孩子小，需要自己照顾而把他看成是自己的附属品。孩子也是一个完整、独立的个体，应该允许他有自己的世界，有自己的空间。正所谓：“什么样的父母教出什么样的子女。”因此，在父母努力启发孩子思考能力时，不要忘了同时培养自己的思考能力，使自己成为能与孩子思考能力互动的主力。

不必在孩子间制造竞争压力，也不必为了培养思考能力而将家庭氛围弄得紧张、沉重；更不必一反常态，变成严肃又过分认真的父母。真正成功的思考能力的培养者，能与孩子一起学习、一起成长，像挚友般倾听孩子的心声，了解孩子的行为，知道何时给孩子掌声，何时扶持孩子一把，没有命令、没有压抑。

沐沐十分喜欢做实验性游戏，当听爸爸妈妈说要做有趣的实验游戏时，沐沐非常高兴。与往常一样，由爸爸指导，他动手操作。

“沐沐，从你的玩具中，找出两个同样大的杯子，一个比杯子大的碗或者是锅都行。”沐沐将东西拿来了。“爸爸，您看行吗？”爸爸满意地说：“行。你用锅装些水来，并且将水分别倒进两个杯子，要求两个杯子的水要一样多。”沐沐按爸爸的指导进行。然后爸爸问沐沐：“你看两个杯子的水，是不是一样多？”沐沐左看看右瞧瞧，说：“啊，是一样多。”“你将一个杯子的水倒进锅里，你再看看，是锅里的水多呀，还是杯子的水多？”谁知沐沐不假思索地给了爸爸满意的答复：“一样多。”“为什么？你看锅里的水这么少，杯子的水那么多，怎么是一样多呢？”爸爸问道。沐沐从容地说：“爸爸你看，这是两个同样大的杯子，我倒进的是同样多的水，然后再把这个杯子装的同样多的水倒进了锅里，因为锅比杯子大，所以看起来锅里的水好像少些，其实它们一样多。”

谁能相信，这是一个年仅7岁的孩子对液体容量守恒定律的理解，而且思维清晰，语言表达准确、完整。

上小学二年级的时候，数学教学正进入直式运算阶段，其他学生都能按照老师的要求，从低位向高位顺序运算，唯独沐沐别出心裁从高位向低位进行逆向运算。

爸爸妈妈发现后，意识到沐沐虽然违背规律进行运算，却透露出一种萌芽状态的独创精神。于是爸爸妈妈在对她的“找窍门”给予充分肯定之后，循循善诱，告诉她，对自己周围的事物要多方位观察，对思维结果还需验证，验证的标准就是看它的实际效果。然后，爸爸妈妈与她一起分析逆向运算的弊端。最后，她口服心服，“忍痛割爱”了。

在沐沐身上，我们看到了可贵的独立思考能力。当然，她之所以具备这样的能力，是与父母从小有意识地培养分不开的。思考好比播种，行动好比果实，播种愈勤，收获也愈丰。一个善于独立思考的孩子，才能品尝到金秋的琼浆玉液，享受到大地赐予的丰收喜悦。

有的父母把一切事情都安排得十分妥善周到，从来就没有什么事需要孩子自己去考虑，长此以往，会扼杀孩子的思考能力，更谈不上解决问题的能力了。因此，父母要培养孩子独立思考的习惯，给孩子创造一个思考的空间。

### · 留给孩子思考的空间

父母在与孩子的相处和交谈中，要经常以商量的口气进行讨论式的协商，留给孩子自己思考的空间，要给孩子提出自己想法的机会。父母可根据交谈内容经常发问，如“这两者有什么关系”“你觉得怎么做会更好”“你的想法有什么根据”等问题，以引发孩子的思考。

### · 鼓励孩子的探索精神

很多孩子都有较强的好奇心，每当见到一个新事物，总想更深入地去了解，总是想去动一动，摸一摸，对此很多父母很是烦恼，把孩子的这种行为看成是顽皮，经常批评孩子。其实，这些都是孩子探索欲的体现，父母的呵斥会挫伤孩子思维的积极性。正确的方法是因势利导，鼓励孩子的探索精神，并且鼓励孩子异想天开。

**教子心得**

**对于孩子提出的问题，父母最好不要直接告诉孩子答案，而是要引导孩子自己去获得答案，探求事物的真相，让孩子有独立思考的机会。**

# 家教情景漫画

皮皮这次来做旅行总指挥怎么样？
真的吗，真的由我说了算？
听上去是个好主意！
服务台
我们到那边去排队。
皮皮真能干，真是长大了！
以后这样的事情都由我负责。